# WHAT'S YOUR DIGITAL BUSINESS MODEL?

### Six Questions to Help You Build the Next-Generation Enterprise

# 数字化
# 商业模式

[美] 彼得·韦尔
Peter Weill 著
斯特凡妮·沃纳
Stephanie L. Woerner

龚阿玲 译

中国人民大学出版社
·北京·

数字技术等推动着新技术革命迅猛发展，近两年生成式人工智能的进步更加速了这一进程。

诚如本书引言中所说，"当今世界……是一个激情与挑战并存的时代。刻不容缓，数字颠覆已经开始了，如果不采取行动，结果将如我们前面所说的，你的企业将变得千疮百孔，直至慢慢消亡"。

今天，走数字化和智能化之路已成为越来越多的企业领导者的共识。如何进行数字化、智能化，切实实现数智化转型成了很多企业决策者的焦虑点，使他们进入"不进行数字化无异于'等死'，而进行数字化是否又是'找死'"的现实悖论中。

2015年我们提出了"数业"的概念，认为：数业是继农业、工业之后的新的经济、社会和文明形态，是以数据为核心要素、算法为主要动力、算力为基础设施、通信网络等为载体，以数智科技及其产业等新质生产力，推动业态转型，形成现代化生产关系及治理模式，开启人类新的生产方式和生活方式，体现新生态的经济及社会新范式。而当前的数字化转型浪潮则是从有赖于"分工协作"的工业，走向以"融合创新"为基本逻辑的数业的开篇和必由之路。从数业的观点出发，数字化转型绝不仅仅是技术的变革、发展及推广应用，转型是新型生产关系与新质生产力重新适配的过程。落实到微观层面，具体到企业策略，其主要意味着新的更具活力的商业模式的产生，据此企业才能在竞争或竞合中取得优势。

今天，数字化转型的书籍和文章可谓汗牛充栋，这些多是由技术专家或各类供应商从技术和应用角度所编撰。而将数字化作为商业模式的读物却并不多见。

近十年我们围绕着数业开展研究和实践，越来越深刻地认识到，如果不能从"万物皆数、万事皆算"的世界观出发，构筑"数据驱动、智算使能"的企业基础，仅仅将数字化和智能化停留在技术和工具的应用层面，而非驱动企业战略转型和新商业模式的变革深层机理，那么不仅将徒劳无功，而且几乎注定会步入歧途。在此基础上我们提出了从工业到数业的"七方面转型"，以及企业需要进行市场、业务、组织、管理、能力、价值、模式、文化"八大重构"。

尽管我们开启数业研究与本书原著在海外出版的时间接近，

但当时却无缘读到本书。然而时隔七八年后的今天，在通读了阿玲所译的本书中文稿之后，发现我们的认知与两位作者在许多方面都有异曲同工之妙。最重要的是，作者提供了 DBM 系统化框架和方法，引导企业领导者围绕六个问题反复思考，根据四种模式做出自己企业数字化的路径选择，为落实企业转型创新提供了较为具体明晰的方案。同时，作者还提供了丰富的案例，使读者有了更为直观的经验参照。

数字化、智能化的进程正不断加速，"数据驱动、智算使能"的数业时代扑面而来。这本书中提出的问题、框架和方法具有非常重要的价值。期待它的面世能有助于我国企业的数字化、智能化转型成效的显现。更期待中国企业在数字化、智能化转型，乃至走向数业企业的过程中，创造出更多、更好的商业模式，为下一部有关数字化商业模式甚或数业模式的著作贡献出可资全球借鉴的最佳实践案例。

**张晓东**

敏捷智库理事长

国家重大人才工程入选者

中国管理科学学会副会长兼秘书长

江苏省信息化专家委员会副主任

我们都生活在信息大爆炸时代，数字、信息无处不在，每个人的工作和生活都被淹没在信息浪潮之中。2024 年，数字化已经不再是选择题，而是必选题。个人和企业都进入了数字空间。

随着数字技术的不断进步及其应用覆盖面的持续扩大，以信息技术和数据为关键要素的数字经济已经成为推动中国经济增长的主要引擎之一。据统计，到 2025 年，中国数字经济规模有望突破 80 万亿元，到 2030 年有望突破 100 万亿元。

中国的世界 500 强企业——海尔集团的创始人张瑞敏先生说，没有成功的企业，只有时代的企业。在这个新旧动能转换的历史时刻，大量传统行业正在被颠覆。同时，在新经济的赛道上，科技发展突飞猛进，市场竞争日益激烈。飞机，在跟高铁竞争；汽车，在跟无人机竞争；电视，在跟短视频竞争；电影，在跟网络游戏竞争；世界品牌，在跟电商平台竞争；行业专家，在跟极客竞争；大卖场，在跟社区小店竞争……在全球市场环境不断变化和竞争加剧的背景下，企业转型升级已经不再是可选项，而是迫在眉睫的生存战略。

人们往往是以身边的环境为参照系来认知自己的存在。在这个多元、复杂的世界，我们普通人如何才能看清周围的环境，理解身边正在发生的变化，迅速找到自己的位置和方向，消除内心的不安和焦虑？

当中国人民大学出版社的编辑介绍我读这本《数字化商业模式》的英文原著时，我立刻就被书中简明扼要的 DBM 框架吸引了。第一次，有一本书让我可以用一个系统化思维来观察、认知现实的数字世界。麻省理工学院的两位专家韦尔和沃纳教授对全球数字化转型真实案例所做的深刻剖析，带给我更多关于"我是谁""我在哪里""我要往何处去"的终极思考。

管理大师彼得·德鲁克说，人人都是自己的管理者。今天，互联网和知识碎片化促进了超级个人时代的来临，在数字化的扁平世界里，不论身份背景，不管学历高低，每一个人都是一个网络节点。我们只要用心学习，采用先进的工具，抓住时机，就能迅速找到自己正确的节点位置，发挥自己最大的价值，在数字经济中获得成功。

工欲善其事，必先利其器。在翻译过程中，我发现，这本书不仅是企业数字化转型的必读之物，对我们每个人更好地认识自己、适应数字世界也有很大的帮助和启发。

是为序。

龚阿玲

《长三角》杂志社企业家理事会副理事长

海尔集团适老产业顾问

# 目　录

## 第六章

### 你的企业是否拥有数字化转型领导力？

## 结　语

### 六大问题纵观

引　言

# 构建新一代企业

数字化转型所涉及的不是数字技术架构，而是关于企业变革的重大决策。数字化转型也无须讨论企业要不要转型的问题，而是探索何时转型、如何转型的问题。

日前，我们为一家著名银行的董事会和高管团队组织了一场关于数字颠覆的研讨会。在深入的讨论中，我们建议该银行考虑采用新的商业模式：将银行从客户办理金融业务的场所，变成客户创造美好生活的首选目的地。我们的理由是人们来银行的目的不是申请贷款，而是想建设一个家。这样一个小小的思路改变，却意味着银行在几乎所有的业务上都要做出大调整。这家银行已经感受到新型数字化金融服务正在不断挤压其现有的业务市场，变革才是抓住未来机会的最佳手段。

研讨会上，一位高层经理提了一个严肃的问题："假如新的商业模式不奏效的话，我们该怎么办？"银行的董事长和 CEO 几乎异口同声地回答："那我们就再试试别的办法。"CEO 继续说道："可以肯定，假如我们不改变的话，其他银行将会利用数字化手段抢走我们的客户。"

我们处在数字经济时代，而许多企业只是对过去成功的管理方法做细微调整，这种做法显然是徒劳的。大企业注定是数字颠覆的目标，因为它们拥有庞大的客户基础和丰厚的利润空间，但是大企业提供的客户体验常常不尽如人意。要想在数字世界里蓬勃发展，企业不论规模大小都需要自我重构，而且要在商业模式、人才机制、组织结构、核心竞争力和企业文化等方面有重大的转变。简而言之，企业与客户之间的关系取决于企业如何创建一种新的数字化方式与客户进行交互。

毫无疑问，数字革命正在颠覆几乎所有的行业。比如，在金融服务业，客户正放弃跟银行建立的长期关系，转而选择第三方 App，并从贝宝（PayPal）、苹果支付（Apple Pay）、蔬菜小贷（Kabbage）和微盟移动支付（Venmo）等数字服务商处获得客户体验。甚至澳大利亚的大型连锁超市科尔斯（Coles）、家居连锁巨头宜家（Ikea）等零售商也在开展新的业务，通过售卖家具和快消品的保单进军保险市场。

与颠覆有关的数据不计其数，数字颠覆带来了巨大的社会影响。据花旗银行（Citibank）估计，金融科技领域的全球私人投资额从 2010 年的 20 亿美元上升到 2016 年的 210 亿美元。由此造成了一个结果，银行业大约 30% 的职员可能在未来十年内失去工作，政府必须想办法帮助他们另谋出路。另一个结果是，随着市场竞争愈演愈烈，利润空间越来越小，金融监管日趋严格，当前处于垄断地位的大银行可能会风光不再。因为，包括金融科技公司在内的科技公司不用承受大银行所受到的监管压力，同时，科技公司可以利用移动技术直接跟客户建立连接。因此，大银行如果不重构其商业模式以改善客户关系的话，将在成本竞争中一败涂地。

数字化浪潮同样在其他行业兴起，我们经常会看到有关的新闻报道，例如，优步（Uber）颠覆了出租车行业、爱彼迎（Airbnb）颠覆了传统酒店业、亚马逊（Amazon）颠覆了传统零售业等等，以及市场上对此趋势的强烈抵制。亚马逊的服装销售市场份额节节攀升：近年来，消费者的购买场所已经从线下的实体商店——比如梅西百货（Macy's，在 2016 年已宣布关闭 100 家店）——转移到了亚马逊的网络平台上。

在调研中，我们发现数字颠覆的冲击来自以下三个方面：

1. **市场新进入者**。像优步和爱彼迎之类的创业公司，以及亚马逊、微信等拥有不同商业模式和强大数字化能力的原生数字企业，它们在进入现有行业（通常是让客户感到太复杂、不方便的行业）的同时，带来了激动人心的新价值主张。

2. **竞争者的新商业模式**。现有企业采取了对客户有更大吸引力的商业模式。比如，诺德斯特龙（Nordstrom），将其线下优势（可视化、以产品为基础、客户交易导向）和线上优势（虚拟化、以服务为基础、客户体验导向）充分结合，从一家传统的零售百货商店华丽转变为引人注目的多渠道销售商。银行、保险、零售和能源公司都在艰难地探索如何实现线上线下业务的完美融合。

**3. 行业跨界**。某个行业（或领域）的企业成功利用数字化能力进入一个新行业或者新领域。我们看到许多领域里都存在这样的趋势，比如，银行、保险、经纪公司和其他机构都对房地产行业跃跃欲试。

由于数字颠覆给各行各业带来了剧烈震动，企业除了迎接挑战之外别无选择，今天，数字化转型已经迫在眉睫。企业到了评估自身受到的数字化威胁、了解数字化机遇，以及创造未来业务机会的关键时候。

大企业的董事会都赞同上述观点。我们最近在麻省理工学院的信息系统研究中心（Center for Information Systems Research）（http://cisr.mit.edu）所做的研究中发现，各类企业的董事会预测未来五年企业 32% 的业务收入将面临来自数字颠覆的威胁。其中，60% 的企业认为它们的董事会下一年要花大量时间来面对这个挑战。

然而，企业该如何为应对数字颠覆做好准备？如何在保持获利的同时加入数字化竞争，从而利用客户关系增加实现交叉销售的机会？企业领导者如何为今后五年甚至十年的成功创建一个鼓舞人心的愿景呢？

迄今为止，人们对于数字化的发展道路尚不清晰。虽然数字化是大企业在 21 世纪面临的最大挑战之一，大量的公司每天都在尝试探索各种创新的方法，却没有公司知道它们的数字化最终能否取得成功。正是由于不确定性，我们很难建立一个数字化战略的成功案例。但是，在数字经济时代若缺乏建功立业的强烈愿景，你的企业就将遭受"千刀万剐"般的折磨，痛苦地、慢慢地陷入信息化和价格竞争的残酷世界，被别人抢走客户。

近期，有一些商业著作在讨论数字颠覆的相关问题，并提供了可能的解决方案。然而，这些书并不能帮助企业家建立一个成功的数字化商业模式（digital business model，DBM）。我们知道其中的缘由。在与公司高管和全球的大企业董事会合作的过程中，我们发现了一个令人吃惊的现状：缺乏统一的描述方式或者可靠的系统框架来帮助领导者评估他们企业面临的数字化威胁程度，更重要的是，告诉他们应该如何应对。

在本书中，我们提供了一个简单而有效的数字化商业模式框架和一种描述方式语言，帮助高管们认知在数字时代面临的竞争环境。我们提供的 DBM 框架能让领导者知道企业在数字化进程中的当前位置和发展方向，以及实现目标的最佳路径。本书的系统框架和学习素材均来自我们对世界顶级企业的深入研究，以及五年的田野调查、高管培训、主题研讨会和企业咨询经验。此外，我们还面对面调研了 50 家企业，基于 6 次问卷调查收集到的数据研究了 1 000 多家企业。

我们的研究成果是经过全球许多高管团队验证的 DBM 系统框架。本书对同时面临数字颠覆和机遇的大企业高管有重要意义。对于跟大企业争抢丰厚利润的创业公司、研究数字化战略问题的董事会成员以及向大客户表达独特思想的咨询公司而言，本书也具有指导价值。同时，本书对于中小企业的经理也很有实用价值，对于正在思考公司五年后如何在蓬勃发展的数字经济中取得佳绩的领导者也很有帮助。

下面，我们就开始简要介绍 DBM 框架及其背后的理论逻辑以及本书的结构。

## 成为数字经济成功典范的框架

长期以来，我们目睹了技术变革带来的客户需要和行为方式的根本改变。正如在引言开头的银行高管所认识到的，今天的客户更感兴趣的是如何处理好生活事务，而非购买一个产品，例如某个金融产品。当客户申请购车贷款时，他希望合同谈判、物流配送、购车保险和贷款融资都能一站式办理，最好能让他晚上十点钟前在移动设备上完成。因为客户不愿意在售车行、保险公司和银行之间来回奔波。

同样，我们在对几百家企业的调研和研讨会中发现，在数字经济中成功转型的企业都能创造出对客户有号召力的新价值主张，它们通常在客户体验方面有所突破。因此，我们的DBM框架旨在帮助企业运用数字技能，学习如何更好地了解客户的需求，以及如何帮助客户（包括商业客户和个人消费者）处理生活事务。

数字化转型的本质并不是关于数字化。数字技术——社交网络、移动通信、大数据分析、云技术、物联网等等——无疑将带来翻天覆地的变化，特别是当市场上有大量技术被同时开发并涌现出来时，对大多数企业而言，技术是唾手可得的。但是，技术只是手段。因为任何企业都可以采用同样的技术，却未必能形成企业的竞争力。关键在于如何让企业具备差异化，利用数字赋能为客户提供新的、有吸引力的产品，成为客户的不二选择。

我们把上述过程称为"构建新一代企业"，我们原创的DBM框架即是构建新一代企业的工具。具体内容如下。我们的研究表明，数字化正驱使企业的商业模式朝着两个方向发展：第一个方向，企业从可控的价值链（迈克尔·波特（Michael Porter）在1980年提出的概念）转向更复杂的生态系统；第二个方向，企业对客户的需要和日常活动的了解日益深入，从而带来更紧密的客户关系。我们把两个维度结合在一起，就得到了一个二元系统框架（DBM框架），其中包含了四种数字化商业模式，每一种商业模式位于一个象限，分别代表不同的市场竞争力和财务表现（见图0-1）。

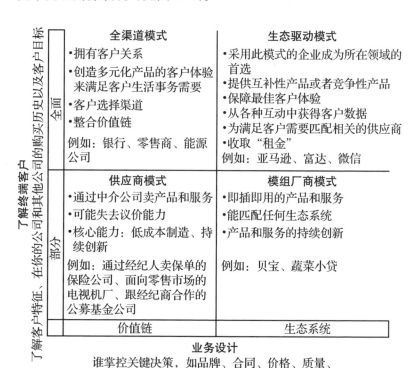

图0-1 数字化商业模式框架

资料来源：P. Weill and S. L. Woerner, " Thriving in an Increasingly Digital Ecosystem," *MIT Sloan Management Review* 56, no. 4 (June 16, 2015): 27-34. © 2017 MIT Sloan Center for Information Systems Research. Used with permission.

1. **供应商模式**：公司通过其他中介卖产品和服务。

2. **全渠道模式**：整合价值链，创造多元化产品、多种渠道的客户体验来满足客户生活事务需要。

3. **模组厂商模式**：提供即插即用的功能性产品和服务。

4. **生态驱动模式**：组织生态系统的运行。生态系统是一个由企业、设备和客户组成的协作网络，为所有生态系统的参与方创造价值。采用生态驱动模式的企业是某个特定领域（例如购物）客户的首选，提供优质的客户服务，提供互补性产品，有时也提供竞争件产品。

要确定一家企业目前处于哪个象限、希望向哪个象限发展，企业领导者必须思考几个重要的问题，并给出答案。首先，他们必须弄清楚企业参与一个可控的价值链（由他们掌控或者由别人掌控的）或者更复杂的生态系统（其动力不是来自指示和控制，而是来自建设、维护和利用网络）的范围和深度。

其次，企业高层需要评估，他们对终端客户的需要了解多少、可以了解到什么程度。一旦明确了企业的业务在哪一个或者哪几个象限，高层就可以利用 DBM 框架分析企业是否应该保持在原有位置不动；否则，他们应该决定企业怎样才能转移到另一个 DBM 象限。

这些抉择具有十分重大的意义。虽然，利用已知的竞争能力（包括低成本、高效供应链等）成为价值链的一部分，在很大程度上是完全可控的商业模式——特别是对于 B2B 企业而言，但是，只注重价值链的供应商会发现自己正在陷入困境，特别是那些用户越来越习惯数字化并希望有更佳体验的供应商会感到竞争压力与日俱增。

另外，我们发现，生态驱动模式企业（生态企业或生态驱动者）的业绩增长和净利润空间比 DBM 框架中的其他企业更大。我们相信，绝大多数现有企业可以通过建立紧密的客户关系，或者利用网络、资产、资本和商业合作伙伴，在数字经济中获得发展。比如，企业可以增加数字化交叉销售机会。例如，澳洲联邦银行（Commonwealth Bank of Australia，CBA）利用新的不动产评估 App 促进了银行按揭业务增长（本书后面将详细阐述）。

沃尔玛（Walmart）的主要商业模式在很多方面代表了价值链模式。沃尔玛控制着产品的各个方面：供应商价格、卖场位置以及何时售出。但是，沃尔玛并不清楚消费者是谁、为什么买某种商品。数字化能让消费者和企业彼此了解更多信息，从而为双方创造更多利益。

同时，以亚马逊为代表的生态驱动模式让客户有更多选择，能提供最好的价格，并推动更快速的创新。客户价值提升是因为有多个供应商以不同价格和服务水平提供相似（甚至同样）的产品，同时，客户的及时反馈能够帮助供应商进一步优化其产品和服务。客户能够获得亚马逊提供的一站式消费体验，享受更高品质的产品、了解更多产品价格和质量信息。亚马逊可以看到生态系统中的所有交易数据，据此及时调整服务，发现新商机，并从生态里的商家获得租金收益。

　　生态驱动模式在零售行业特别有效。此外，在医药健康（如安泰（Aetna））、在线娱乐（如网飞（Netflix））、能源管理（如施耐德电气（Schneider Electric））、财富管理（如富达（Fidelity））等行业都存在强大的生态企业。我们观察到一个趋势，个人和企业客户在每个领域只会选择 1～2 家有影响力的生态企业，这必将导致大量的产业并购。产业整合的可能性提高了企业领导者的紧迫感，促使他们认清企业当下在DBM 框架中的位置，了解企业要改善数字化商业模式有哪些选择。

　　于是，一些老牌企业开始重构——它们知道重构的过程会持续几年，而企业将在发展中不断进化。利用数字技术，它们对于未来的客户关系怀有令人激动的期待。下面举几个例子，其中既有传统企业也有创新公司。

　　1. **安泰——建立一个更加健康的世界**。安泰是一家从 B2B传统保险公司转变成给客户提供医疗健康综合服务的机构。2009—2014 年，其营业收入是行业平均收入的三倍多。

　　2. **日本 7-11 公司——满足您的日常生活需要**。7-11 公司从一个拥有 2 万家便利店、平均每家店有大约 3 000 种商品的连锁企业，转变成有 300 万种商品品类的一站式销售终端（便利店或者网店）。7-11 公司营业额占日本便利店销售总额的 42%，利润率为 3.4%，高于行业平均值 1.8 个百分点。

3. **优步——运用物流协调城市交通。**优步是世界著名的共享交通平台，正在进军个人物流服务等领域，其发展突飞猛进。

4. **施耐德电气——引领能源管理及自动化的数字化转型。**施耐德电气的业务从制造、销售成千上万的电器设备，转变成提供全面能源管理及自动化的解决方案。其交叉销售额提高了 20%。

5. **亚马逊——满足消费者需求的一站式购物平台。**亚马逊从一家电子书商店转变成一家在美国可提供 4.8 亿种商品的大型购物网站。亚马逊还在不断为消费者和商家增加平台上的商品和服务种类。

6. **微众银行（WeBank）——重构银行业务。**微众银行是一家为微信上 8 亿活跃用户提供社交金融服务的先锋企业。微众银行为微信用户的社交活动，比如，外出就餐、旅行、租房提供金融服务。微众银行在后台提供各种服务，用户无须再到银行网点或者下载各家银行的 App。微众银行的大多数员工是数据分析员而非银行家，微众银行对传统银行业产生了巨大威胁。

7. **美国联合服务汽车协会（United Services Automobile Association，USAA）——解决您的生活事务问题。**USAA 重新设计了银行服务，从卖产品变成满足客户生活事务需要，比如买汽车、生孩子、搬家等。该企业一直拥有美国银行界客户体验的最高评级。

像上述企业一样，你的公司也可以自我重构，以参与数字化时代的竞争。通过跟世界上不同国家、不同行业的大企业合作，我们发现 DBM 框架能够帮助高管团队应对数字化威胁、抓住数字化机遇，制定企业的制胜战略。但是，他们首先需要回答六个关键问题。

## 六个关键问题及本书的结构

在使用 DBM 框架帮助企业成功转型时，企业领导者首先要回答六个关键问题。

1. **威胁**：你的企业面临哪些数字化威胁和机遇？
2. **模式**：你的企业未来需要哪一种商业模式？
3. **优势**：你的企业有哪些数字化竞争优势？
4. **连接**：你的企业如何利用移动技术和物联网实现连接？
5. **能力**：你的企业是否具备数字化重构的关键能力？
6. **领导力**：你的企业是否拥有数字化转型领导力？

大多数企业的转型成功不是一蹴而就的，不断迭代的过程与愿景和激励同样重要。这可能是最重要的教训之一。很少有企业——事实上，我们不记得有任何先例——创建了转型的愿景和计划后，在实施过程中没有经历过重大的路径调整。企业领导者需要回答上述六个关键问题，做出可行的决策，然后经历迭代、调整，并从实践中不断学习，再继续完成企业重构的旅程。我们认为，是否具备重构的意愿和灵活性决定了企业数字化转型的成败。

本书将引导你思考上述关键问题——每一章阐述一个问题。每一章都包括：一个结构分析，帮助你回答问题；一套评估工具，帮助你确定企业在DBM框架中的位置；世界顶级企业的统计数据以及鼓舞人心的成功案例。读完每一章之后，你应该能够决定将采取什么具体行动（见图0-2）。书中的学习案例包括安泰、亚马逊、西班牙对外银行（BBVA）、澳洲联邦银行、星展银行（DBS Bank）、唐恩都乐甜甜圈（Dunkin' Donuts）、富达、格兰迪银行（Garanti Bank）、强生（Johnson & Johnson）、贝宝、宝洁（Procter & Gamble）、迅达电梯（Schindler）、施耐德电气、日本7-11、USAA、伍尔沃斯（Woolworths）大型连锁超市。

第一章，我们分析企业面临的各种数字化威胁和机遇。我们将通过案例介绍其他企业面对类似挑战时的成功实践。最关键的行动是弄清楚你的企业目前面临的数字化威胁程度，因此，我们提供了一套工具，帮助你完成这方面的评估。

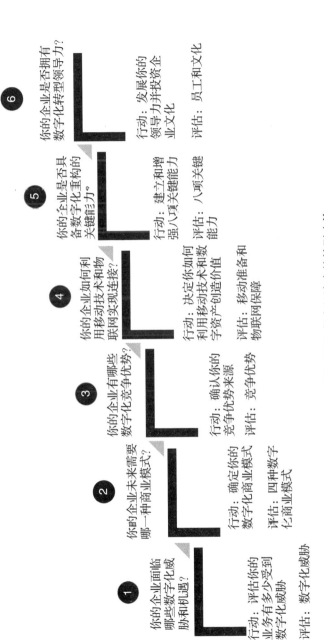

图 0-2 六个关键问题和数字经济中的转型决策

1. 你的企业面临哪些数字化威胁和机遇?

行动：评估你的业务有多少受到数字化威胁

评估：数字化威胁

2. 你的企业未来需要哪一种商业模式?

行动：确定你的数字化商业模式

评估：四种数字化商业模式

3. 你的企业有哪些竞争优势?

行动：确认你的竞争优势

评估：竞争优势

4. 你的企业如何利用移动技术和物联网实现连接?

行动：决定你如何利用移动技术和数字资产创造价值

评估：移动准备和物联网保障

5. 你的企业是否具备数字化重构的关键能力?

行动：建立和增强八项关键能力

评估：八项关键能力

6. 你的企业是否拥有数字化转型领导力?

行动：发展你的领导力并投资企业文化

评估：员工和文化

第二章，我们集中讨论 DBM 框架，即数字经济中的四种商业模式：供应商模式、全渠道模式、模组厂商模式、生态驱动模式。针对每一种模式，我们分析一家顶级企业的案例：宝洁、USAA、贝宝和安泰，说明大企业如何在不同的发展阶段变换采用相应的商业模式。我们将展示哪种数字化商业模式具有最好的市场成长性、净利润空间、客户体验和创新潜力。我们将特别分析数字化转型推动企业发展的两个主要维度：更加接近终端客户、从供应商模式（传统价值链，如沃尔玛）到数字生态驱动模式（如亚马逊）。至今为止，离客户最近、主要收入来自生态系统的企业，其盈利高于行业平均利润水平25%，但是，要实现生态驱动模式并非易事。尽管其他模式也许目前不像生态驱动模式一样能够创造丰厚的利润，但是，在短期内，其他模式带来的改变和盈利也具有同样重要的意义。另外，不是每家企业都能迅速转型为生态驱动模式，因此，企业要实现一些重要的阶段性目标，比如，把系统开放给更多的合作伙伴，以及更多地了解企业的终端客户。第二章的主要目标是帮助你确定 DBM 框架中哪种商业模式最适合你的企业，以便创立一种新的、有效的客户服务机制。本章提供了自我评估工具：第一部分，帮助你认识你的企业目前在 DBM 框架中的位置；第二部分，帮助你思考五年后你的企业在 DBM 框架中的位置。

　　第三章，我们分析如何识别你的企业所具备的主要竞争优势，并将优势变成经济效益。在数字经济的背景下，面对众多新的竞争者，企业高层必须清楚企业的竞争优势是什么。企业可以利用三种能力开展数字化竞争：业务内容（产品和信息）、客户体验（多渠道和多元化产品）以及数字平台（内部和外部）。我们将分析先进的数字化企业案例，包括亚马逊、BBVA、澳洲联邦银行、律商联讯（LexisNexis）、猫途鹰（TripAdvisor）、USAA 和华尔街日报（Wall Street Journal，WSJ）。我们利用有效实例的调研结果，分析顶级企业如何识别和发展其竞争优势。本章结尾的自我评估帮助你挖掘企业未来成功所需的核心竞争优势来源，并讨论企业下一步如何行动。

　　第四章，我们探讨连接对于新一代企业获得成功的重要性。连接是数字化的本质，而且每天都在赋能新的商业模式。我们将阐述物联网和移动技术带来的连接——互联世界带来新的方式，让客户满意、让企业盈利。移动技术加上物联网将改变几乎所有的事物。然而，我们的分析表明，虽然存在巨大的市场机会，但是，是否愿意做出改变商业模式的艰难抉择，决定了企业的成败。我们将举例分析如何建立连接，案例包括：唐恩都乐甜甜圈、伟创力（Flex）、通用电气（GE）、格兰迪银行、强生和迅达电梯。在本章中，我们提出一个问题：你的企业如何利用移动技术和数字化管理的资产进行连接并创造新价值？

第五章，我们将论证：企业只对以往的成功模式进行局部调整是无法在数字经济中获得成功的。为了再创辉煌，许多企业必须进行部门结构、数字技能和业务创新，从而推动组织的重大变革。我们将讨论企业可以采取的两种转型行动方式。第一种，企业可以建立指导企业行为的数字化企业文化和组织结构，共享数字化的价值观、信念、传统和责任；第二种，企业可以灵巧地在创新增效和降低成本方面齐头并进。我们回到DBM框架，确定新一代企业需要具备的八项关键能力：

- 收集和使用客户生活事务方面的重要信息（例如，客户的目的）；

- 在企业内部放大客户的声音（让客户成为企业一切行动的中心）；

- 建立循证的决策文化（利用客户、运营、市场、社交数据）；

- 提供整合的、多产品、多渠道的客户体验；

- 实现差异化，成为你的核心客户有需要时的首选；

- 发现并拓展良好的合作伙伴关系和收购机会；

- 服务赋能让你的企业变得强大（通过开放的 API）；

- 发展效率、安全、合规等竞争优势。

我们将介绍一些企业是如何通过建立数字化企业文化来重构为新一代企业，并在数字经济中大获成功的，案例包括安泰、

BBVA 等。本章的自我评估部分帮助你了解你的企业在上述八项关键能力上的表现如何，以及应该重点加强哪些企业能力建设。

第六章，我们讨论企业领导者在创建新一代企业时要扮演的关键角色：在企业中发现、提拔带头人来完成变革。转型需要贯穿企业各部门的领导力——从上到下、从下至上。我们将讨论一些重要岗位的责任：董事会、CEO 和高管委员会、首席信息官（CIO），以及包括中层经理和年轻员工在内的全体员工。我们基于星展银行、德勤（Deloitte）、荷兰国际集团（ING）和微软的企业经验，分析对领导力的挑战；提供一套评估工具，帮助你发现企业的领导力差距；提供如何带领你的企业转型为新一代企业的建议。

当今世界对于大企业的领导人来说，是一个激情与挑战并存的时代。刻不容缓，数字颠覆已经开始了，如果不采取行动，结果将如我们前面所说的，你的企业将变得千疮百孔，直至慢慢消亡。本书的目的，是提供关于数字化转型的统一描述、务实的系统框架、励志的案例研究，以及历史财务表现数据，帮助你做出艰难却必须做出的重大决策，为你的企业在未来持续进化、立于不败之地打下良好基础。

让我们开始吧！

# 01

第一章

**你的企业面临哪些数字化威胁和机遇？**

2013 年，总部位于西班牙的 BBVA 的董事会执行主席冈萨雷斯（González）忧心忡忡。因为 BBVA 需要更加快速、果断地适应不断变化的客户行为。银行业面临着数字颠覆的巨大威胁，冈萨雷斯担心客户会减少使用 BBVA 的服务，转而选择他们喜爱的、由互联网创业公司和互联网巨头提供的所谓创新金融服务。

他的担心不无道理。2013 年的全球银行业调查报告显示，银行客户的忠诚度在下降，客户在加速转向接受非传统银行提供的服务。2014 年的北美零售银行客户调查报告显示，超过 70% 的客户认为他们跟银行之间的关系是一次性的交易关系，超过 25% 的客户表示他们会考虑让没有网点的银行管理自己的资金。同时，客户想要得到更主动的财务建议，以及关于个人消费的实时报告。冈萨雷斯当时告诉我们："客户的需要与零售银行提供的服务之间的差距越来越大了。"

显然，BBVA 必须针对上述市场威胁采取行动。冈萨雷斯知道，如果方法正确，相关行动将给银行及其数字化未来创造巨大的业务机会。但是，在采取行动之前，他必须先了解银行所面临的数字化威胁到底有多严重，也就是说，要了解具体哪些银行业务在多大程度上遭受了数字化冲击。

我们稍后再回到 BBVA 的故事，以及银行高管是如何回答上面这个问题的。此处我们想表达的是，像冈萨雷斯一样，每一位企业领导者首先需要弄清楚企业受到数字化威胁的程度。只有这样，才能发现未来的机遇。

本章，我们将指导你完成关于企业面临威胁程度的自我评估，并参考其他企业的评估结果。最后，我们将说明 BBVA、唐恩都乐以及其他企业在数字化转型过程中探索了哪些机遇。

## 威胁的程度有多大？

要了解企业采取的行动的紧迫性、机构改革的彻底性以及未来的市场机遇，你可以从完成第一章的自我评估开始。首先，对企业的主要产品或服务被数字颠覆的可能性打分。然后，根据分数和主要产品对企业的重要性，评估在未来五年内，企业面临数字化威胁的业务收入占总业务收入的比重是多少。最后，将你的结果跟图 1-1 做对比，图 1-1 汇总了 413 位回复我们调查的高管的反馈结果。（关于企业如何甄别威胁程度的案例，参阅"施耐德电气面临的数字化威胁和机遇"。）

总体平均有28%的业务收入受到数字化威胁；大企业（年销售额超过70亿美元）平均有46%的业务收入受到数字化威胁

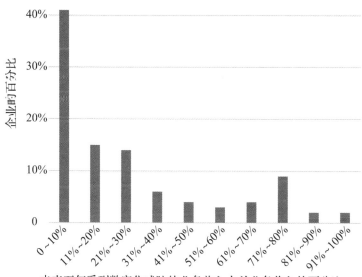

**图1-1　高管调查：受到数字化威胁的业务收入比例**

资料来源：MIT CISR 2015 CIO Digital Disruption Survey of 413 respondents.

---

第一章

# 自我评估

## A. 数字化对你的企业有什么影响

思考企业的主要产品或服务，给每个问题打分（最低 0 分，最高 20 分）。

企业的主要产品或服务在多大程度上：

1. 可以用电子化方式进行描述和搜索？ ☐
2. 在未来五年里能以数字化方式提供？ ☐
3. 可以或者可能需要增加有价值的信息？ ☐
4. 受到了其他行业公司的威胁？它们与你的客户有关系，为你的客户提供竞争性服务，并颠覆你的企业。 ☐
5. 存在可以被数字形式代替的风险（例如，纸质书、课堂教育、医疗诊断、3D 打印）？ ☐

**总分：**

70 分或以上表明你的主要产品或服务正处于被数字颠覆的巨大威胁之中。

**B. 根据上面 A 项的打分，估计未来五年内你的企业的业务收入将受到数字化威胁（例如，新的技术型商业模式颠覆了成功的企业）的比例**

资料来源：MIT CISR.

图 1-1 反映了一件颇有意思的事情。大多数高层管理者普遍预测，在未来五年将有 28% 的业务收入受到数字化威胁。也就是说，如果企业无动于衷的话，企业将会失去这部分业务收益。因此，睿智的企业高管团队必须策划如何在未来五年保护或者替代大约 1/3 的收入，这绝非易事。他们通过大量投资新领域来保护其业务——争取未来的机会——我们稍后将详述细节。但不是所有的企业都受到如此程度的影响。

图 1-1 中的企业因规模、行业的不同，情况也有所差别。年销售额超过 70 亿美元的大企业受损最严重——它们的高层管理者预测企业平均有 46% 的业务收入将受到数字化威胁。大企业受到威胁通常是因为拥有较丰厚的利润以及不能快速应变

的惰性，这给企业外部的数字颠覆者提供了一个移动缓慢的完美攻击目标。

有些行业，比如传媒业，比其他行业面临更多的数字化威胁。例如，美国娱乐与体育电视台（ESPN，是体育赛事的直播大户）给我们敲了个警钟，证明如果不懂企业如何被颠覆的话将会发生什么事情。2011 年，ESPN 的前途一片光明，坐拥 1 亿订阅用户，还为几乎所有有线电视的产品服务包提供内容，为其母公司迪士尼（Disney）赚得盆满钵满。然而，五年后，ESPN 的利润大幅缩减。订阅用户特别是年轻用户纷纷解约，而节目制作成本却在节节攀升。顶级体育赛事曾经是 ESPN 的特色内容，如今在社交媒体上唾手可得。最后，ESPN 只能开始追踪社交网站，看哪个赛事最为流行。公司还创新了某些节目的呈现风格，给观众提供可以同时观看所有 ESPN 频道节目的用户界面。ESPN 没有自我重构，而是采取提升客户体验的方式，努力维持着旧商业模式。

时间将证明 ESPN 的策略会让企业重整旗鼓抑或万劫不复。稍后在本书中，我们将谈到物联网对制造业的影响，我们会看到，采用新的互联模式的制造业创造了远超其他行业的收益。加上机器人和其他各种自动化技术，这些行业将发生巨变。

我们再回到 BBVA 的案例中。冈萨雷斯认为，数字化对金融服务行业的威胁——其实是机遇——十分巨大："一些银行家和分析师认为，谷歌（Google）、脸书（Facebook）、亚马逊之类的企业不会完全进入高监管、低利润的银行业，我却不这么看。我认为没有准备好对付新竞争者的银行将走投无路。"冈萨雷斯继续说："大多数银行只关注房顶上的东西，即客户能看得见的产品和服务。问题是，如果只修建房顶而不改变支撑结构的话，整栋房子可能会摇摇欲坠。"

BBVA采取的应对行动是投资格兰迪银行（土耳其第二大私人银行）。格兰迪银行是一家领先的数字银行，尤其在移动银行服务方面表现卓越。冈萨雷斯说："格兰迪银行的业务市场有着巨大的增长潜力，而且拥有跟BBVA相近的商业模式，即以客户为中心、以科技为基础。"

## 施耐德电气面临的数字化威胁和机遇

施耐德电气（以下简称"施耐德"）为我们提供了一家企业如何实现数字化转型、成为新一代企业的真实案例。[1] 施耐德是1836年创立于法国的一家钢铁厂，之后快速扩张到重型机械和交通设备制造业，如今，施耐德已经发展成为能源管理及自动化领域的全球领军企业。其业务分布在四个领域：建筑（占收

---

[1] 施耐德的历史和转型信息，来自我们对施耐德高管的访谈，特别是对首席信息官赫维·库雷尔（Hervé Coureil）和CEO让－帕斯卡尔·特里夸尔（Jean-Pascal Tricoire）的访谈。

入的43%）、基础设施（占收入的20%），工业生产（占收入的22%），IT（占收入的15%）。

2002—2008年，通过业务拓展及兼并与收购，施耐德的企业规模翻了一番。[①]但是，由于各业务机构之间独立经营的历史，企业规模的快速增长也带来了业务流程不稳定、碎片化等诸多问题，造成企业运营效率低下、业务机会流失等不良后果。客户和员工有时会因为业务流程太复杂而产生抵触情绪。

2008年，施耐德的高层开始考虑数字化对其商业模式的威胁，以及公司提供端到端客户解决方案所带来的机遇。他们知道，必须改变复杂的业务流程以提升客户体验，主动应对数字化对其商业模式带来的挑战。挑战的形式可能有几种。比如，其他大公司想变成施耐德用户的首选项，它们销售许多跟施耐德一样的产品；本地的小公司以更低的价格出售跟施耐德类似的产品，而且客户在信息平台上能更容易找到它们；竞争对手管理着更加互联的系统；加上创业公司利用各种眼花缭乱的新技术不断吞噬市场，施耐德面临的数字颠覆程度确实很高。这正是施耐德开始审视现有商业模式，决定如何领导企业进化为更先进商业模式的起点。

---

① 施耐德2009年年报显示，六年内，施耐德每年大约完成15个并购项目，实现了规模翻番。营业额从2002年的90亿欧元，跃升到2008年的183亿欧元，年增长率为12%。

## 你的企业面临哪些机遇？

冈萨雷斯认定的 BBVA 在 2013 年所面临的威胁，让 BBVA 来到了发展的岔路口，它面临两条同样艰难的路。一条路是聚焦于银行的后台业务运营，让其他企业处理以客户为中心的前台业务（类似贝宝为许多面向客户的企业提供支付服务）。事实上，在短期和中期内，一些银行可能只从事被高度监管的金融交易后台业务，但是，这样的银行会越来越少。因为这类业务都是规模化操作，利润空间越来越小，已经形成了一个常规化、产业化的市场。

另一条更有希望的路是直面数字化，探索如何以整合的全渠道模式满足客户需求（如引言中的图 0-1 所示），甚至包括提供有趣的服务内容。银行需要考虑减少传统业务，根据客户和产品的精准数据来判断客户想要什么，成为客户可依赖的、满足其购房买车等生活事务需要的地方。这种转变往往需要进行组织变革，抓住从产品销售模式转变为客户导向模式所带来的数字化机遇。

格兰迪银行（BBVA 是大股东）认为，要想获得新的年轻客户的青睐，银行需要改变从前只依靠上千家实体分支机构提供服务的业务模式。于是，iGaranti 诞生了。这个移动 App 是一个智能财务导师，能帮助千禧一代解决日常的财务问题，让他们不用再走进银行的实体网点。今天，iGaranti 平台拥有超过410 万活跃移动用户。

但是，对于大多数银行来说，在尚未验证可以满足客户生活事务需要之前，放弃支付类的后台交易业务的策略显得过于激进。我们认为，这些银行会试图同时尝试上述两条路径，放弃支付类的后台交易业务只会让它们的数字化进程更加艰难。为什么？因为，后台服务的效率来自标准化、自动化和重复性，而提升客户体验需要聚焦于整合产品和服务，制订个性化解决方案，关注点在客户身上，以各种灵活的方式促使客户与银行互动。这两条路径对技术组合、组织结构和公司治理的要求大相径庭。

尽管如此，抓住数字化机会意味着银行最终要向新的商业模式转型，成为低成本、高监管、大规模的金融交易服务商。同时，银行需要重新设计客户体验，提升客户满意度，让自己成为满足客户需要的首站，而不是让财务中介、按揭服务或者保险经纪人、技术服务商或者电话销售公司扮演关键角色。

在 BBVA 的案例中，针对各种业务发展威胁，冈萨雷斯指出了银行必须抓住的未来机遇："我们认为，我们很可能成为全球银行界第一家成功转型为完全数字化的机构，我们不再只是一家银行，而是一家知识型信息公司。"2015年，他简化了银行的愿景："我们在建设21世纪最好的数字银行。"

幸运的是，BBVA已经做了许多基础性的准备。该银行一贯重视科技，自2007年开始大笔投资，打造可共用的全球平台，至今已经在30多个国家和地区服务了7100万客户。另外，银行颇费周折地舍弃了经过长期开发的、由各种不同的系统和各类数据版本组成的半数字化业务流程。同时，开始采用更高效、规模化的全球平台取代旧流程和旧系统。新平台设计将优化的业务流程、高效的技术手段、可获得的数据系统结合在一起，比同行竞争者的开发成本低，而且符合监管的要求。云技术带来了新的挑战，而BBVA在数字化转型过程中获得的知识和成果，使其可以更容易将挑战化为机遇。

2014年，为了应对数字化挑战，公司委派卡洛斯（Kalos）担任新的数字银行部门的主管。该部门负责开发数字工具，例如App和能互动的存取款机（ATM），让客户可以完成更多的自助业务，在各个渠道提供同一水平的服务。银行的业务流程更加自动化，分支机构以提升客户体验为目标进行了组织再造。功夫不负有心人，BBVA的网络客户数大幅增长，在客户满意度、交叉销售和成本节约等方面均有改善。最重要的是，新的数字化成绩向银行董事会验证了数字化理念，展示了银行进行全面数字化的可能性和必要性。

接着,在 2015 年,BBVA 宣布开始进行"外科手术式"的组织变革,向冈萨雷斯的愿景又前进了一步。卡洛斯被提名为 CEO,银行为顺利完成数字化转型进行了组织再造。变革后的 BBVA 包括五个新的组织部门:执行与绩效部(负责全国网点、机构及投行业务)、风险与融资部、市场推广部(2016 年与客户解决方案部合并)、战略与控制部以及新核心竞争力部。新核心竞争力部提供达到世界水平的核心银行业务,包括:

- 人才与企业文化:推广新的人才管理计划,建立适应数字化的 BBVA 文化。

- 用户及客户需求解决方案:跨全渠道提供最佳银行体验,利用大数据和产品设计更好地满足客户需求。

- 全球营销和数字销售:驱动跨数字渠道的销售,推广全球营销方案。

- 工程技术:负责技术基础设施、架构设计和网络安全,保障所有软件开发和银行运营流程的稳定性、可行性。

- 新数字化业务部门:开发新的数字化业务,与创业公司和创新生态中的参与者建立连接,包括大学、孵化器等。

执行与绩效部、新核心竞争力部、风险与融资部、市场推广部直接向 CEO 汇报,冈萨雷斯则负责管理新成立的战略与控制部。新的组织结构的目标是,将 BBVA 从一个具备优秀数字化能力的传统实体银行,变成一家整合的、世界级的金融服务全渠道模式银行。组织设计是为了利用数字化优势，通过创建最佳模块化银行服务，个性化地满足本地客户需求，并保障技术运营效率及合规要求。同时，新的组织结构能使 BBVA 的人才被安排到最能够发挥其能力的位置上。

BBVA 转型的结果是，今天，本地的银行网络专注于因地制宜发展本地业务；而新核心能力部和业务拓展团队则聚焦于创新银行服务和产品，并将其提供给客户。

新的数字化部门的任务是负责尝试开展新的业务，不断保持银行的创新活力，降低未来被颠覆的风险。除了开展市场收购——比如收购 SIMPLE（一家初创的美国网络零售银行）和 HOLVI（一家芬兰的网络商业银行）——或者在集团内部创立可能与银行竞争的数字化公司，该部门还负责发展新业务的合作伙伴。

这是 BBVA 基于冈萨雷斯的愿景所采取的大胆的战略行动。该项行动能否成功，以及未来十年 BBVA 还需要开展哪些变革，我们尚不得而知。但是，转型的初步结果令人振奋：在其最大的国际市场上，BBVA 的客户体验排名在当地同行中数一数二；2017 年 BBVA 的数字销售收入占比达到了 25%。银行数字化转型已经全面展开。

不论 BBVA 的新愿景以及组织变革的结果如何，基本上，所有的大企业都要建立宏大的愿景以及新一代企业的计划。然后，还必须采取一系列行动措施，踏上如 BBVA 一样的数字化转型之路。

今天 BBVA 等金融服务机构可能面临着所有行业中最艰巨的挑战，在不久的将来，全世界的大多数行业都将不可避免地加入类似的转型队伍。

## 唐恩都乐品牌的故事

对于某些行业和企业来说，数字化带来了更多的机遇。以唐恩都乐（Dunkin）品牌为例，这是一家领先的连锁快餐机构，在大约 60 个国家和地区开办了 1.9 万家餐厅，拥有两大品牌：唐恩都乐甜甜圈和唐恩都乐冰激凌。唐恩都乐甜甜圈主要销售实物产品（咖啡、甜甜圈等烘焙食品），这些产品不会被数字颠覆（至少在可见的未来如此）。2016 年，这家成功的企业净利润率为 22.9%（行业平均净利润率为 9.7%），营业额高达 108 亿美元。唐恩都乐甜甜圈全部采用加盟的商业模式，一直以来，唐恩都乐总部跟最终消费者之间并没有直接联系。

然而，一切事务都在发生变化。数字移动技术第一次提供了跟消费者建立直接联系的大量机会，对品牌授权企业可谓天赐良机，因为与加盟商不同，它们以前对购买产品的最终消费者几乎一无所知。唐恩都乐的品牌总监们意识到，尽管数字化带来了威胁——竞争对手可能利用数字化改变用户的消费习惯，大的加盟商可能利用数字技术垄断客户关系——但是，总的来说，数字化带来了更多机遇。公司决定开拓三个领域：

1. **开发终端客户真实信息的单一入口**。过去，像唐恩都乐这样的大型特许授权企业很难获得准确、实时的客户信息，因为加盟餐厅采集客户数据的可靠性、能力和动力各不同，唐恩都乐难以掌握完整的全球产品信息。

2. **以全渠道模式服务客户**。前面提到过，很多企业的目标是发展为 DBM 框架的左上方象限的全渠道模式。在这个象限里，企业要专注于为客户提供丰富的跨渠道体验。今天，唐恩都乐甜甜圈的客户几乎人人一部手机，这让企业能够有效地以全渠道模式与消费者建立深度关系。

3. **利用移动支付创建客户忠诚计划**。用客户忠诚计划、信用卡支付像在唐恩都乐甜甜圈店这么小的平均消费金额，一直是加盟餐厅运营商的难题，因为存在设备投资和信用卡扣费的成本。而预付卡、储值卡等方式却可以在执行跨网络客户忠诚计划时，让小额支付变得容易而且成本更低。

为了抓住机会，唐恩都乐甜甜圈在 2012 年 8 月上线了第一个带支付功能的移动 App。这是公司跟终端消费者建立深度关系的机会。公司 2014 年上线的奖励计划"DD 钱包"，向消费者提供促销信息和消费激励，进一步扩大了 App 的使用范围。2017 年上半年，App 实现了超过 1 800 万次的下载量（包括

660 万次 DD 钱包会员的下载），大大加快了服务速度，增加了交叉销售，简化了支付过程，提高了平均单客消费金额。2016年，大约 5 亿美元销售来自移动端（相比 2015 年，移动支付金额上升了 70%），2016 年第四季度，DD 钱包会员的消费支付金额占餐厅交易金额的 10%。

App 和全面数字化战略为唐恩都乐甜甜圈、加盟商、消费者创造了三赢的结果。这个战略提供了一个难得的机会，让特许授权方跟消费者直接建立联系，并与业务网络中独立的中小加盟商建立了忠诚的合作关系。另外，唐恩都乐品牌可以有效地利用客户数据提升服务质量——在不同市场测试不同的营销战略，从中发现最佳模式。毫无疑问，今天我们目睹了销售实物商品的零售业正在经历早期的数字化转型，特别是快消品，比如唐恩都乐甜甜圈销售的糕点、三明治和咖啡等产品。与终端消费者深度连接给授权方带来了巨大利益，授权方在广泛网络中的不断尝试无疑将带来更多的数字化商业模式创新。

进入第二章之前，考虑一下本章开头时你所做的自我评估。你的企业面临的数字化威胁程度如何？假如你的企业没有面临严重的威胁，你是否发现了数字化带来的机遇？比如，跟客户建立深度连接。了解威胁和机遇仅仅是开端，在第二章里，我们将详细研究 DBM 框架，帮助你决定企业应该采取四种商业模式的哪一种，以便为客户提供新的、有竞争力的服务。

# 02

## 你的企业未来需要哪一种商业模式?

什么使你的企业表现卓越？数字化如何将企业的卓越表现转化为顶流的业绩？若要在未来五年之后保持竞争力，企业必须回答这些关键问题。

　　先看一个简单的案例。猫途鹰的业务是汇集网上关于旅程安排和假期计划的建议，已经有超过 5 亿人对全世界的景点、酒店和餐馆提供了评价信息。该公司通过 API 接入谷歌地图功能，强化了其平台上最大的特色服务（建议与评论）。假如今天你在西班牙的布尔戈斯，寻找这个中世纪城市里在酒店步行范围内的最佳餐厅，猫途鹰会为你推荐餐厅，并告诉你如何走过铺着鹅卵石的街道到达那里。猫途鹰将经过用户验证的旅行建议与全球地图导航数字服务（还链接了企业的其他服务，例如酒店预订等）相结合。猫途鹰发展成为全球最大的旅行网站，平均每个月触达全世界 49 个国家和地区的 4.55 亿线上访客。

　　为什么客户会持续使用猫途鹰的服务呢？因为该公司的网站允许他们在数字环境下完成交易，由企业、平台和客户组成的协同网络为参与各方创造了价值。商业生态系统的活动包括搜索、信息传递、支付和其他被数字化连接赋能的交易。生态系统整合了与该公司互补的产品，并将产品以数字化方式送达客户，从而增强了公司的竞争优势。

正如之前所述，这类企业或者生态驱动模式位于图 0-1 所示的 DBM 框架的右上方象限。在本章里，我们将深入讨论 DBM 框架中的四个象限。不论 B2B 还是 B2C 商业，客户都越来越愿意通过数字生态平台来满足其各方面的需求，包括健康、购物、娱乐、金融、商务信息等等。然而，目前只有 12% 的大企业（包括亚马逊、富达、微信）的主要收入来自生态驱动模式。

显然，客户需求和服务供给之间的缺口往往蕴含着巨大的商机，这对中小企业特别有利，它们通常比大企业能更迅速地抓住数字颠覆的机会（本章后面将分析其中的原因）。机不可失，诸多具有先发者优势的公司，例如，某个领域的头部品牌，成为最快完成数字化转型的企业。

亚马逊借助强大的先发优势一举成为行业老大，而数字化的重大突破——搜索功能帮助亚马逊巩固了行业龙头地位。搜索（以及相关数据）改变了一切，产品的位置、价格和服务对客户更易得、更透明。搜索功能加上更优质的客户数据使亚马逊发展成为典型的生态驱动模式；沃尔玛（至少在早期）是 DBM 框架的全渠道模式的典型。此前，沃尔玛采取了迈克尔·波特在 1980 年提出的价值链模式，其交易是分散的、孤立的，产品从供应商先运到商场，然后再卖给消费者。

搜索功能帮助企业在某种商业模式上保持领先地位。客户在网上搜索时用的是他们已知的信息（强化品牌认知可以让品牌成为客户搜索时输入的第一个名称）。例如，2015 年在美国，当人们查询商品时，44% 的人用亚马逊，24% 的人用必应（Bing）和谷歌，10% 的人直接进入各大品牌的官网，比如日立电器（Hitachi）、富达。到 2016 年末，在消费品领域使用亚马逊搜索的比例已经高达 55%，这充分说明生态者驱动模式具有先发优势的潜在威力。

亚马逊在零售生态领域中的领导地位难以撼动。不过，现在沃尔玛意识到其在数字化获客方面已经落后于亚马逊，并已开始奋起直追，在电商平台上进行了大量投资。最近，我们的一位同事从亚马逊网站上订购烧烤炭块，他当时没注意商家是谁。几天后，沃尔玛就送来了装着烧烤炭块的纸箱。这是生态系统的伟大力量，同时也说明，沃尔玛一边跟亚马逊竞争，同时又通过烧炭供应成为亚马逊生态驱动模式的模组厂商。见证沃尔玛追赶遥遥领先的亚马逊，令人感到兴奋。

在第一章里，你评估了你的企业面临的威胁程度，也了解到数字化可能带来的机遇。为了实现离客户更近并通过更多连接提升业绩的目标，你现在应该明确你的企业在今天和未来究竟处于 DBM 框架中的什么位置。

我们先从企业自我评估开始，帮助你确定你的企业目前在 DBM 框架中的位置。然后，我们将讨论 DBM 框架的具体内涵及原理。之后，我们用案例来分析如何让企业在 DBM 框架中向上方、向右侧发展，进入能获得最高利润的区域。我们将总结出几条意见，告诉你如何决定你的企业应该瞄准 DBM 框架中的哪个象限。

## 你的企业属于哪种商业模式？

我们关于数字颠覆的研究直接证明了科幻作者威廉·吉布森（William Gibson）的觉察，"未来已来，只是尚未流行"。要确定你的企业目前有多少未来数字世界的成色，请花时间完成本章自我评估的第一部分；然后，用本章自我评估的第二部分的结果，确定你的企业目前处在 DBM 框架中的哪个象限。你的企业是供应商模式、全渠道模式、模组厂商模式，还是生态驱动模式？

第二章

# 自我评估

## 第一部分

**A. 认识你的终端客户**

想想你的企业最畅销的产品或者服务类型。

给每个问题打分（最低 1 分，最高 7 分）。

你的企业了解以下内容的程度：

- 企业最重要的客户有哪些特征？ ☐
- 客户在你的企业购买过什么产品和服务？ ☐
- 客户在你的竞争对手那里买过什么产品和服务？ ☐
- 客户买过哪些和你的企业销售的产品相似的东西？ ☐

- 客户跟你的企业打过什么交道? ☐
- 客户的商业目的(B2B)和个人目的(B2C)是什么? ☐
- 客户是如何做出消费决策的? ☐

得分: ☐

将得分乘以 2 然后加上数字 2(最高 100 分) ☐

**B.业务设计**

价值链是围绕一家主导企业的产品和服务而组织的(比如,一家企业的瓶装饮料的生产和销售)。生态系统是为了提高客户在更广泛领域的体验而建立的包括合作方、供应商、互补者和其他客户的网络。

针对企业所有的产品和服务,评估上一年的收入中来自生态系统的百分比是多少?

目前,企业收入中来自生态系统的百分比是多少? ☐

现在,参看第二部分,识别你的企业目前的位置。

# 第二部分

用第一部分的得分,在图 2-1 中标示你的企业目前的位置。横轴和纵轴的最高分都是 100 分,中间是 50 分。

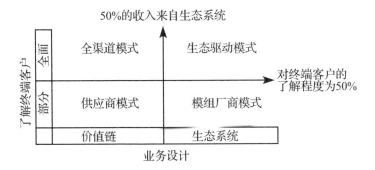

图 2-1 DBM 框架图

资料来源: © 2017 MIT Sloan Center for Information Systems Research. Used with permission.

多数大企业会同时在多个象限开展经营活动。只要存在协同效应或多元化经营的合理性，大企业的业务分布在多个象限属于正常现象。例如，亚马逊不仅属于生态驱动模式，同时也为其他企业提供多项服务，其中一些服务亚马逊自己也在使用，包括履约、支付和技术开发（通过亚马逊网络科技服务），因而亚马逊也属于模组厂商模式。作为履约服务的一部分，亚马逊负责价值 10 亿美元商品的仓储、包装和运输。（亚马逊的履约服务正在高速发展，2016 年用户增长超过 70%，而 2015 年是 50%，2014 年是 65%，尤其是国际贸易市场突飞猛进。）

大多数银行的业务一般分布在多个象限，通常在四个象限都有相应的业务类型，但各象限的利润率相去甚远。例如，典型的大银行会扮演供应商角色，通过财务顾问提供按揭、投资和其他服务。大多数银行同时也努力加强全渠道服务，通常是重新设计分支机构的功能，使其成为获客、销售和咨询的网点，业务大多数通过数字化处理，而且越来越多的业务在移动设备上完成。这些银行也采用模组厂商模式，通过自动化平台为其他企业提供支付、外汇交易等金融服务。最后，很多银行尝试生态驱动模式，为客户的生活事务，例如，购房、买车、为退休生活做准备等提供更全面的服务。

想要确定你的企业目前的主阵地落在哪个象限，不妨自问一下：你的企业是如何跟客户互动的？是否像大多数实体零售商一样,这些零售商通常不知道它们的客户是谁,也不知道客户以前在其他地方买过什么商品;或者你的企业更像亚马逊,与客户进行持续的全方位的互动,对客户的消费和搜索习惯非常熟悉? 在一个优秀的生态系统中,客户往往不知道也无须知道具体是哪个企业提供产品或服务。客户依赖亚马逊的生态系统和品牌背书来满足消费需求。

亚马逊是如何做到的? 因为亚马逊深度洞察了消费者的需求。当你的企业在 DBM 框架中向上方、向右侧发展的时候,这些是非常关键的知识。客户的深度知识包括姓名、地址、年龄、IP 地址、在你的企业和其他企业的消费历史,最重要的是他们的生活事务,比如购房和生孩子,或者重大商业活动,比如兼并、收购、在新地点开分公司。这些客户知识让你的企业能提供更有吸引力的服务、加强客户关系,这是企业至关重要的经营目标。

例如,当澳洲联邦银行(CBA)对房屋按揭业务进行深度剖析时,认识到客户的个人目标不是办理按揭,而是购房。于是,CBA 开发了一款智能手机应用 App,客户可以在手机上选中意向中的房屋,查看这个房屋以及附近房屋的历史价格。潜在的购房者获得了目标区域房屋的更多价格信息,如果他们建立一个"购房清单",清单上的房产则成为银行提供按揭的潜在标的。App 上的计算工具可以帮助客户估算银行贷款金额、还款期限以及首付金额。客户可以把计算结果保存下来，在线完成一个有条件的贷款申请。App随后增加了移动设备上的按揭申请功能。令CBA欣慰的是，按揭购房者成了银行的长期客户，而且是银行的最优质客户。现在，App整合了房屋地址与真实售价、截止日期、预估市场价值等信息。至今，App上已有超过120万条房屋查询记录，银行预计这个App的投资回报率为109%。

像CBA一样，你需要想想你的企业对客户的了解有多深入？如何采集、用好客户的信息？这些思考会帮助你的企业开发出一个更成功的商业模式。

## 理解四种数字化商业模式

当我们在2012年3月第一次开始做数字化调研的时候，我们首先请企业高层介绍他们的企业采用了哪些最重要的数字化转型方法来获得业绩突破。我们总共收集到144种方法，包括搭建新的技术架构和平台，为流程自动化和渠道整合提供更好的支撑，全面、实时协同外部合作伙伴，以及通过多渠道模式提升客户体验、提高效率和增长率等等。

经过进一步的信息过滤和整理，我们发现，大多数企业寻求在两个维度上的转型：（1）更好地理解和满足终端客户的需要；（2）在企业、平台和客户日益融合的网络中为各方创造价值。这两个维度构成了 DBM 框架的两个坐标轴。

今天，大多数企业并未处于生态系统（像亚马逊那样）阶段，而是控制或者参与了线性的价值链（像沃尔玛的旧模式）。从价值链向生态系统发展，以及不断增强对客户需求的理解，这两点向企业领导者展示了我们即将详细介绍的四种商业模式。

在图 0-1 展示的 DBM 框架中，每一种模式都有迥异的特点。横轴代表商业设计，从左到右代表从价值链到生态系统的转化；纵轴代表企业对终端客户的了解深度。

有个重要的提醒：虽然到目前为止，那些更接近客户、主要从生态系统获得盈利的大企业，其收益超过了产业的平均利润率（超过 25%）水平，但是，生态驱动模式很难实现。要成为一家成功的生态企业，主要挑战在于企业要具备一套融合的业务能力和实践经验，即同时具备供应商模式、全渠道模式和模组厂商模式，以及更多其他方面的能力。生态企业需要开发一个其他合作方都愿意参与的平台，还必须有大数据支撑，保持持续创新。由于这种模式组合了许多动态机制，因此，企业需要通过强有力的数字治理来持续增强平台的综合能力，避免产生各部分相互孤立的情况。

所以，不是每个企业都可以一步到位转型为生态驱动模式。

转型过程中存在一些有意义的阶段性目标，例如，将企业能力开放给更多的合作伙伴，学习如何更多地了解终端客户。总而言之，DBM 框架中的四个象限都是可行的商业模式，每一种模式有其特殊的机遇和挑战；值得注意的是，每一种模式在当下带来了不同的客户满意度和经济效益，其中，生态驱动模式的总分表现最佳。尽管如此，目前仍有很多企业采用并将继续采用非生态驱动模式实现盈利。

下面，我们逐个介绍 DBM 框架中的四种商业模式。

## 供应商模式

落在这个象限的企业，在最好的情况下对终端客户有一定的了解，它们通常是更强大企业的价值链中的一个环节。供应商模式包括通过独立代理机构售卖保险的企业（比如，丘博（Ghubb）保险集团），通过零售商卖电视机等商品的企业（比如，索尼），或者通过经纪人推销投资基金的企业（比如，先锋集团（Vanguard））。随着企业越来越数字化，供应商模式将逐步失去业务机会，被迫不断降价竞争，还可能会加速出现产业整合。宝洁（P&G）以前是众多企业的供应商，如今已经感受到公司正在失去市场，其增长曲线日趋平缓。为了获得更多市场话语权，宝洁开启了一项大型活动，通过丰富多彩的品牌宣传活动、社交媒体、直销渠道（比如，帮宝适网站）和各种数据驱动方法，更多地了解客户，并直接与全球超过 40 亿的宝洁终端消费者建立连接，使公司在 DBM 框架中的位置得到了有效提升。宝洁在全球开设了 50 多间大型虚拟商务会议室，便于企业高层参与解决具体的业务问题，例如，在新加坡如何提高帮宝适的销售额。在天文馆风格的虚拟会议室里，大屏幕上显示着实时的市场数据，高层在现场做数据分析，并对有关证据进行讨论，从而决定下一步的市场行动。一个实时的决策舱可以很快被创建，在未来几周甚至几个月里跟踪决策所带来的影响。宝洁在实践"摸着石头过河"的方法，先根据事实进行决策，然后在决策舱里跟踪结果，再在随后的几周里根据需要调整方案。与此同时，企业加深了对客户的了解。

## 全渠道模式

采取全渠道模式的企业通过实体商店和线上渠道，方便客户获得产品，为客户提供更多选择和无缝体验。英国电信（BT）、家乐福（Carrefour）、诺德斯特龙、Origin Energy、沃尔玛、加拿大帝国商业银行（Canadian Imperial Bank of Commerce，CIBC）、花旗银行以及许多其他企业，都有志成为全渠道模式企业，掌控整合的价值链，牢牢掌握客户关系。这种模式的挑战在于，要沿着 DBM 框架的纵轴向上方发展，要在不断深入了解客户、理解客户目标和生活事务的基础上采取行动，同时减少客户的负面反馈。我们调研的许多企业都将大数据分析、社交媒体、敏感度分析、App，以及反映客户体验的指标如净推荐值等作为加强了解终端客户的手段。有些企业重新定位了与客户的关系，并重构组织以适应新的客户关系，使其位置沿 DMB 纵轴大幅上移。

美国 USAA 成立于 1922 年，是一家专门为美国军人及其家属提供服务的机构，年营业额达 270 亿美元。总部在得克萨斯州的圣安东尼奥，没有设分支机构，拥有 1 190 万会员，提供多元化金融产品和服务，通过数字渠道与客户互动。USAA 深信其成功取决于会员的满意度，于是，在努力提供超值会员体验的同时，重新设计了服务内容，从提供金融产品，比如保险、信用卡和汽车贷款，转向满足会员的生活事务需要。会员通过手机、网站或者电话连接 USAA 时，只需说明有什么生活需要，比如，买车、搬家、结婚或者生孩子，USAA 会针对每一种生活事务提供对应的、完整的金融服务方案。

例如，就买车而言，USAA 提供的服务包括买车、车贷、延伸服务、汽车保养、汽车保险、每月保养指南以及出售二手车等。生活事务重构业务结合 USAA 的其他服务带来了显著的效果：2016 年，USAA 的净推荐值 73 分（满分 100 分），行业平均分是 35 分。为了获得这项突破性的会员体验和分值，USAA 不仅依靠统一的会员信息库、共享的基础设施、数据和应用服务，还进行了组织结构大调整。2010 年，USAA 将渠道、呼叫中心管理等四个独立的业务线整合为一家机构——会员体验中心。会员体验中心成为经过专业训练的、聚焦于会员生活事务的服务主体。其他银行也在营销中关注会员的生活事务，但是没有重构组织以达到 USAA 一样水准的会员满意度。

## 模组厂商模式

模组厂商是可以为大量生态系统提供即插即用的产品和服务的企业。为了生存，这类企业必须成为其主营业务（比如，支付）的行业龙头；为了发展，这类企业必须不断创新产品和服务，确保其业务的质量最优而且价格合理。模组厂商模式通常适用于高度竞争的市场，因为客户或者搜索机器人很容易在市场上找到替代品进而更换供应商。模组厂商的价值在于能够提供即插即用的产品和服务。

2016 年，贝宝的营业收入为 108 亿美元，实现了高达 3 540 亿美元的交易额。贝宝是 2015 年从易贝（eBay）剥离出来的一家高速增长的企业，五年的复合年增长率达 15.9%，净利润率达 12.9%。跟其他优秀的模组厂商一样，跨硬件、移动赋能、平台化的贝宝可以在几乎任何生态系统中运营。同样重要的是，像贝宝这样的模组厂商还要能够在不同国家使用，符合当地的法律及合规要求。例如，2016 年，贝宝的营业收入几乎有一半来自美国以外 200 多个国家和地区的市场，包括澳大利亚、百慕大、法国、印度尼西亚、肯尼亚、秘鲁、卡塔尔、英国和乌克兰，使用了 25 种不同的货币支付。

当下，支付业务是倍受追捧且竞争激烈的赛道，有很多市场新进入者，比如，苹果支付、Square 支付，以及各家银行的在线支付服务，比如新加坡星展银行的 PayLah 支付。虽然市场上有大量模组厂商，但普遍来说，每个国家只有头部的 3～4 家企业获得了巨额利润，其余厂商都在苦苦挣扎。而且，大多数模组厂商——不同于生态驱动模式企业——只能看到客户数据的一部分，因为它们只是在某个时点处理单笔交易。例如，当你通过富达网站的组合分析工具购买了先锋集团旗下的基金时，先锋集团并不知道你的整体理财配置情况，只能看到你购买基金的情况。

## 生态驱动模式

这种商业模式的企业，通过跟与自身业务互补（有时候是竞争）的服务方建立关系，来创立一个数字化生态系统（一个由企业、平台和客户组成，并为各方创造价值的协同网络），以全面满足客户需求。鉴于生态驱动模式能够获得最大化的净利润、收入增长、客户体验和企业创新，许多企业的目标是发展成为生态驱动模式。

生态驱动模式企业，例如安泰、亚马逊、苹果、富达、微软、微信，给参与方提供了做生意的平台，平台开放的程度取决于生态驱动模式企业本身。例如，苹果的生态系统如同一个有围墙的花园，跟谷歌的开放生态系统相比显得更封闭。在金融服务领域，富达重点推荐自家的基金，但同时也提供上百家竞争对手或者互补性合作伙伴的产品，比如先锋集团、USAA和黑石（BlackRock）的基金。采用生态驱动模式的企业利用其强大的品牌优势吸引更多的参与方，保障良好的客户体验，提供一站式消费服务。像全渠道模式一样，生态驱动模式企业通过不断增加对终端客户的了解来"占有"客户关系。但更重要的是，生态驱动模式企业的目标是成为某个子集客户的首选。比如，当客户考虑医疗和健康时，就想到安泰；当他们想购物（和更多日常生活需要）时，就想到亚马逊；当他们需要财富管理服务时，就想到富达。

为体会在一个充分数字化的领域成为领先的生态驱动模式企业的竞争有多激烈，我们看一下新闻媒体的案例吧。彭博（Bloomberg）、苹果新闻（Apple News）、脸书、卫报（The

Guardian）、纽约时报（New York Times）、澳大利亚金融评论报（Australian Financial Review）、海峡时报（Straits Times）和BBC拼得你死我活，都力争成为读者心目中了解全球新闻的首选消息来源，而且竞争不局限于本国的媒体市场。在很多国家，脸书——并非一家新闻企业——拥有大批忠实的订阅用户，它提供的新闻获得了大量用户关注。B2B市场中的企业也同样在为成为大客户的首选而竞争，施耐德电气想成为能源管理及自动化用户的首选，律商联讯的目标是成为律师查询信息、获得业务的首选。

生态驱动模式企业同时利用自身的能力以及生态合作方的能力为其终端客户提供综合服务。生态驱动模式企业的收益来自生态系统参与者的租金，包括从客户、供应商收取租金。生态驱动模式企业依靠品牌优势、大数据和客户评价来树立形象、获取流量。例如，安泰是一家市值600多亿美元的医疗健康管理企业，服务对象包括个人客户和企业客户，其愿景是成为健康管理市场的客户首选。在这个愿景的推动下，截至2015年，安泰连续五年的年增长率高达12%。除了提供各类公共医疗服务外，安泰还希望成为终端客户日益增长的健康管理首选方案的提供者。要实现这个目标，安泰需要更深入地了解个人客户的医疗和健康需求，将其商业模式从B2B（管理企业的医疗保险计划）变为B2B2C（管理企业的医疗保险计划，并直接为企业的员工提供个人医疗保险服务)和B2C(直接为最终用户提供健康解决方案)。因此,安泰更加专注于提供多元化产品及综合服务,并提升客户体验,将自有产品与第三方服务相结合,比如与健康和营养教练或其他延伸服务相结合。

## 在DBM框架中向上方、向右侧发展

一旦明确了你的企业当前在DBM框架中的位置,下一步就要决定企业应该瞄准哪个象限来应对数字化威胁,并为企业创造新的发展机遇。我们建议,企业在某个时候从最小数量的最优客户开始尝试生态驱动模式,发掘出来的服务能力将有助于企业的其他数字化商业模式。(参阅"施耐德电气重新设计商业模式"。)

### 施耐德电气重新设计商业模式

施耐德电气(以下简称"施耐德")已成为能源管理与自动化领域的领军者,其使命是"随时随地保证所有人的生命安全"。2009年,施耐德改变了战略,从聚焦"制造和销售电子自动化产品"(供应商模式)转变为"提供智能化能源管理与自动化解决方案"(生态驱动模式)。从客户角度出发,施耐德从提供一堆复杂的、独立的电子设备变为提供一个包括互联的智能产品、控制系统、App、数据分析和服务的端对端解决方案。其物联网赋能的能源管理与自动化解决方案能够持续监督工作环境和系统，主动发现缺陷或者需要做出的改变，让维护人员及时采取行动，为企业决策者提供数据化信息。除此以外，还利用云平台尝试提供新型的数字化服务，包括优化、标准化和资产维护预案。

更重要的是，客户可以获得端对端解决方案，施耐德可以更好地利用企业不同部门的资产和专业能力。董事长兼CEO让－帕斯卡尔·特里夸尔解释说："在过去十年里，施耐德的价值主张从给办公室、家庭、机器设备、基础设施带来安全，变为提供更综合的价值主张。"

施耐德开发了一套综合了能源技术与信息技术的解决方案，2009年涉足物联网解决方案，推出了第一代"EcoStruxure"能源管理方案。2010年，方案带来的增值达到12%；2012年，施耐德有39%的业务收入来自方案而非产品。该企业商业模式转型的结果令人印象深刻，2016年营业收入达到247亿欧元，其中44%来自物联网赋能的方案。

要想发挥数字化潜力，企业在DBM框架中心须向上方、向右侧发展。企业需要更多地了解最终客户，改变商业模式，以支持更多合作关系和逐步向生态驱动模式转变。然而，大多数企业目前仍位于 DBM 框架中的左侧。在我们研究过的大企业（年业务收入超过 10 亿美元）中，有 46% 属于供应商模式，24% 属于全渠道模式，18% 属于模组厂商模式，有 12% 属于生态驱动模式。

有趣的是，中小企业（年业务收入低于 10 亿美元）大多数处于 DBM 框架的右上方区域，其中，31% 属于生态驱动模式，36% 属于全渠道模式，18% 属于供应商模式，15% 属于模组厂商模式。中小企业为什么能成为如此有效的数字颠覆者？究其原因，数字化是企业为了满足客户的更多需求，与终端客户之间建立紧密联系（向上移动）、与其他伙伴企业及供应商加强合作（向右移动）的手段。客户维系可以通过网站、社交媒体、移动应用来实现，或者通过 API 接入某个生态驱动模式企业的内部系统，比如，保险企业的理赔系统。在线进行数据分析与测试，以及不断在线上测试中验证哪些方法有效或者无效，这些都帮助企业改善了客户关系。一般来说，偏生态的商业模式要求企业发挥自身优势——企业的核心竞争力——并通过数字化服务将核心优势共享给其他企业。小企业和新企业往往从一开始就按照这个思路设计它们的商业模式。

很多小企业不受市场诱惑，不单独提供整体方案，从而保持了敏捷性。通常，它们会基于其他企业服务提供解决方案

（例如，基于谷歌地图、贝宝支付提供某项服务。）这些小企业很少有遗留包袱，所以更愿意冒险尝试新的商业模式。它们也更能收集数据、分析数据，并以有效数据为基础采取行动，准确地了解客户。大企业虽然拥有更多客户数据，但是并没有很好地利用这些数据。小企业更灵活，对数据反应更敏捷，因为很多小企业是数字原生的，一开始就以更好地连接客户与合作方为目的设计企业的系统和流程，最重要的是小企业有以数字为依据的循证企业文化。

小企业的业务直觉更灵敏。相比其他模式，这些企业从生态驱动模式中获得更多收入，并且对客户有更深入的了解（即处于DBM框架的上方和右边），享有远高于竞争者的利润空间。能够获得更高利润的部分原因是小企业可以在很大程度上比大企业更好地回应客户的需要，并联合其他企业一起为满足客户的需要提供服务。

现在，我们来看看每一种模式产生不同业绩结果的途径和原因。在四种模式中，生态驱动模式的业绩最好，然后是全渠道模式或者模组厂商模式。所有模式中业绩表现最差的是供应商模式。供应商模式仍然可以赚钱，但是跟同行业的生态驱动模式相比，利润较低而且增长速度较慢。处于供应商模式的企业应该努力为未来创造机会，从而在DMB框架中向上方、向右侧发展，即使不能马上带来利润和规模增长，学习如何更深入地了解客户、更好地与其他企业平台合作，也将使处于供应商模式的企业受益。所以，宝洁通过直接与终端客户建立联系打造全渠道模式——通过网站、社交媒体、敏感度调查，以及围绕特定的主题和重要事件建立社群。例如，宝洁开展"健康社区"活动宣传其健康品牌，通过摄影比赛鼓励社区参与活动。很多处于全渠道模式的企业在努力向 DBM 框架右侧转移（从价值链向生态系统发展），为部分客户提供属于生态驱动模式的综合业务。比如，一家保险企业努力成为其客户满足购房需要的首选。

　　在第一章里，我们介绍了企业可以利用数字化提高竞争力的三种途径：新产品、新模式或者新的跨行业能力。其中任何一种途径都可以为企业创造机会，摆脱低端的供应商模式，发展为更赚钱的全渠道模式、模组厂商模式或者生态驱动模式。但是，颠覆者，即行业中的新进入者（创业企业或者跨行业进入者）很可能也在瞄准这些商业模式。日益激烈的竞争使处于供应商模式的企业（以及现有的处于全渠道模式的企业）向 DBM 框架上方、向右侧发展更加艰难。虽然尚未发生大面积的行业竞争淘汰（在美国有两个典型行业——媒体、零售业已经明显开始了），但是我们相信，在所有用户领域都将开始激烈的市场竞争，比如，健康保健、财务管理和文化娱乐。

　　企业要想发展竞争优势并非易事，目前仅有 12% 的大企业是生态驱动模式（有约一半的大企业仍处于供应商模式）。当大企业努力发展为生态驱动模式时，会出现两个有意思的趋势。第一个趋势，我们预测企业向生态驱动模式转型将导致更多的行业内并购，例如，在每一个服务领域会存在几家成功的生态驱动模式企业呢？客户会选择一个固定的生态驱动模式企业作为购物首选，再为满足其他生活需求，比如，财务管理、文化娱乐和医疗健康各选择一个生态驱动模式企业。的确，作为客户，我们会四处浏览信息，但是，亚马逊毫无疑问是很多购物者的默认首选。在其他领域也存在同样的行业集中趋势。而且，不仅是B2C零售领域，B2B企业服务的情况也是如此。例如，我们看到外汇交易商正在加速整合。2013—2016年，欧洲的外汇交易员减少了30%，部分原因是更加严格的金融管制。当大银行减少了与风险企业的交易，市场上的外汇交易商就所剩无几了。

第二个趋势发生在模组厂商模式领域。贝宝这样的模组厂商提供可以适用于多个生态平台、即插即用的产品和服务。为了生存，这类企业必须成为某个特定领域的最佳企业，比如，收付款领域。我们预计，未来在每一个特定领域都会看到头部的3~4个模组厂商形成垄断，而其他商家一起争抢剩下的市场。头部企业将获得丰厚的利润，然而，模组厂商模式的平均行业利润将随着时间的推移而下降。

四种数字化商业模式在不同行业里的分布也不一致。生态驱动模式在零售和 IT 行业里占比最高；制造业和服务行业目前还处在 DBM 框架中向上方、向右侧发展的早期，在制造业和服务行业创建新的生态驱动模式比在零售业更容易，因为相对而言，生态驱动模式企业在制造业领域还不太多。

在第一章里分析的企业所面临的威胁和本章里讨论的商业模式选择，应该启发企业高层做出几个重大决定：要在未来获得成功，你的企业采用新商业模式的需求有多迫切和多强烈？你的企业目前处于 DBM 框架中的哪个位置？企业将来的发展目标在 DBM 框架中的哪个位置？

第一章里自我评估的部分结果可以帮助你回答关于迫切性的问题：在未来五年内，你的企业业务收入中有多大比例将面临数字化威胁？我们发现，在开始的时候，高层人员关于企业面临威胁程度的评估普遍各持己见。我们就针对每个相去甚远的评估差别展开激烈争论，直到高层集体对威胁程度达成共识，这往往需要厘清不同概念的内涵才能完成。

假如高层集体最后关于企业面临数字化威胁程度的回答是在 30% 以上，那么，企业现在就需要创新产品和服务，为将来"备战"；假如企业面临数字化威胁程度的百分比超过 50%，就需要对商业模式和组织结构做出重大变革，为企业采用新的经营方式提供保障。

## 创造未来的机会

一旦管理团队明确了企业在 DBM 框架中的位置，下一个问题就是：为了企业将来能尽快发展成生态驱动模式企业，今天需要做哪些准备？在过去为企业最高层管理人员举办的 50 多场研讨会中，我们注意到，数字化威胁程度越高，企业需要的变革力度越大，高层就越难做出决策。高管犹豫不决，是因为将受到最大影响的是他们自己负责的部门、直接的下属和全球的团队，更不用说，他们个人在企业中的权力、利益和地位也难免受到影响。

最近，在为一家媒体企业举办的研讨会上，高管团队发现，该企业当前处于供应商模式和全渠道模式之间分界线上。这家企业出版好几个市场的头部报纸的纸质版和电子版，还拥有活跃的新闻网站和线上特定领域的专题版块，比如汽车、房屋和旅行。高管团队一致认为，在未来五年里，企业 70% 的收入将面临数字颠覆的威胁。数字颠覆已经给所有传统媒体企业造成了巨大的损失。印刷厂正在消失；虽然网络订阅量在增长，企业的业务收入却不断下滑。为什么？因为不仅在吸引用户注意力、新闻传播方面的竞争日益加剧，来自专业新闻企业和苹果新闻（Apple News）、脸书等巨头对相关广告业务的竞争也愈演愈烈。

例如，苹果新闻允许读者设计个性化的新闻版面，免费接收来自不同资讯渠道的头条新闻。更令人惊喜的是，当客户点击脸书上某个新闻媒体机构的"喜欢"按钮后，就可以在脸书上持续收到那家媒体机构发来的新闻目录。跟我们合作的这家媒体企业的高管清楚地看到了企业面临的巨大威胁。"我们必须跟苹果新闻、脸书合作，别无选择。"一位高管总结道："但是，我们要确保整体上盈利。怎样做到这一点，我还不清楚。"对于这家媒体企业来说，对企业受到威胁的程度进行量化，依此识别企业目前在 DBM 框架中的位置，帮助高管团队缩小了需要做决策的问题范围。本案例中，这家媒体企业在一些快速增长的数字化领域（例如，深受读者欢迎的汽车版块）可以进一步发展，成为跟汽车销售商、汽车服务企业、金融服务机构开展合作的生态驱动模式。另外，还可以将汽车版面作为商业模块，跟更大的生态驱动者比如银行开展业务合作。

我们看到，存在一个有助于多数企业发展的成功解决方案。首先，企业要投资，沿着 DBM 框架的纵轴往上方移动（增加对客户的了解）。实现手段是增强数据采集、服务整合，加强对客户的了解，结果带来更好的客户体验和更加精准、有效的产品和服务。然后，企业开始沿着 DBM 框架的横轴往右侧移动，从直接提供客户服务的一系列交互场景，向建立一个通过合作伙伴提供综合服务的关系网络发展。

例如，USAA 之前用提供生活服务的策略，沿着 DBM 框架的纵轴向上方移动，现在，企业开始向 DBM 框架的右侧移动。在"汽车圈"服务（围绕买车的生活事务提供服务）中，USAA 帮助客户找到心仪的汽车，帮他们联系有现货的汽车经销商，帮他们谈价格，提供融资服务，有时候还协助安排物流。USAA 会员的购车成本比市场推荐价格平均低 3 385 美元。我们可以想象，USAA 利用第三方还拓展了很多其他的客户生活服务，比如买房。

BBVA 为了加强对客户的了解，在以咨询业务为主的新型分支机构、自动存取款机和新的数字银行模式方面进行了大量投资，这些措施将在提升客户体验的同时，通过自动化降低服务成本。同时，BBVA 希望在 DBM 框架中向右侧移动（趋近生态驱动模式），加强跟其他机构的合作。BBVA 可以选择是否要打造银行的核心服务品牌，同时在平台上增加第三方服务，转型成为生态驱动模式。

在第五章，我们将回到 DBM 框架，讨论你的企业向上方移动所需的四种能力，以及向右侧移动所需要的另外四种能力。

## 安泰：成为一个生态驱动者

既然在今天所有的企业中，生态驱动模式是我们所见的最成功的商业模式，那就让我们看一个案例，了解一家企业是如何发展成为生态驱动模式并成为终端客户的首选。

几年前，安泰发现当时的医疗保险市场注定要被颠覆：为员工购买保险的企业主面临保险成本日益上涨的压力，投保人的自费支出也在不断增加，保险企业的回报不取决于企业购买保单的价值，而是根据投保人的规模获得政府补助。安泰指出，更糟糕的是，医疗保险的客户体验指数低于酒店、航空、有线电视等行业，保险企业没有为直接面对投保人的新商业环境做好相应的准备。

随后，美国创立了医疗保险交易所——2010 年《平价医疗法案》的结果（现在已经改变了）——为以前付不起保险费的人们提供了一种全新的方式，让他们能够加入医疗健康计划。安泰参与了几场交易。当意识到传统的医保体系正在被颠覆，购买健康保险的渠道在不断创新时，安泰提出了一个新愿景：建设一个更加健康的世界。这个数字化愿景真正吸引了客户，告诉他们"我们向你提供与众不同的产品和服务"。作为愿景的一部分，安泰力争成为满足客户需要最有吸引力的企业，并提供确保优质客户体验的综合服务。

15 年之后，安泰的数字化战略使企业从供应商模式（2000 年）变成客户能够很方便地在多个渠道参与互动的全渠道模式（2010 年），最后发展成为生态驱动模式（2015 年）。一个成功的生态驱动模式企业需要发展数字化能力，协同企业、客户与合作方之间的连接。我们将在第五章讨论安泰成为生态驱动模式企业所构建的核心能力。

要发展成为有效的生态驱动模式，安泰需要成为健康保健领域有吸引力的首选服务商——拥有更广泛的关系、联盟与服务的系统——而不仅仅是销售医疗保险。为了实现转型，安泰必须树立一个清晰的愿景，即"建设一个更加健康的世界"，比卖保单业务要付出更高的代价。这个愿景让安泰有更多接触终端客户的机会，整合一系列收购业务及合作伙伴关系，使安泰的业务能力与其他企业进行连接。不过，由于即将被西维斯（CVS）收购（美国药业零售巨头，2018 年收购安泰），安泰未来的生态驱动计划还会面临新的挑战。

本章，我们阐述了当今不断发展的数字世界里的四种商业模式。我们还指出，数字化使企业变得更加开放、更加互联。并且，随着竞争和并购日益加剧，数字化推动企业向 DBM 框架中的上方和右侧发展，使企业越来越接近生态驱动模式。

你的企业目前在 DBM 框架中的哪个位置呢？你希望企业向哪个位置发展？我们建议，每个企业为了创造未来的机会，都应该在最小范围内针对一些核心客户尝试生态驱动模式。如果缺乏成功的生态驱动业务，在数字世界里，企业只能选择模组厂商模式，这是一种竞争非常激烈的模式，产品和服务随时可能被替代。你想成为亚马逊,还是亚马逊上的卖家?正如在我们的研讨会上有人雄辩地提出,"本质上,这是谁当龙头的问题"。

接下来,我们将探讨一些方法,来发现你的企业有哪些竞争优势资源,以及如何利用它们来创造收入。在数字经济中,新的竞争者多如牛毛,了解和增强企业的核心业务优势能使你的企业在激烈竞争中遥遥领先。

# 03

## 你的企业有哪些数字化竞争优势？

早在 2011 年，72% 的移动 App 客户表示，如果可能的话，他们愿意把传统渠道都替换为移动 App；今天，几乎 60% 的数字消费（电脑、移动网站）是在移动 App 上完成的。在大多数行业，移动 App 已经成为企业获客的主要渠道，很多企业采用移动优先策略或者纯移动策略打败了周围的竞争对手。例如，最近一份针对欧洲前 100 家零售商的报告显示，90% 的企业已经采取或者正在转变成移动优先思维。

今天的数字赋能不仅让客户可以随时随地跟企业互动交流，而且前所未有地拓宽了客户获取信息和选择的范围。数字化不仅可以让客户搜索产品信息，而且能够通过可视的图像、第三方评价、产品说明和产品特征等客观内容来评估产品信息。当客户购买服务时，也可以有多种自主选择：计划旅行时，可以使用必应搜索引擎、猫途鹰网站或者 Expedia 旅游中介服务，这些网站通常还提供用户评级和各种经验分享，供客户在决定购买之前参考。

市场环境的变化使企业与客户交互、应对数字颠覆的能力变得举足轻重。企业提升数字化获客的努力是值得的。在我们的测评中，客户体验得分排名前 1/3 的企业比竞争对手的利润率高 8.5 个百分点、营业收入高 7.8 个百分点。

今天，在复杂的网络和客户导向环境中，领导者需要清楚企业具有怎样的竞争优势。这是本书引言里问的第三个问题。如果你已经回答了前两章里的问题——企业面临哪些数字化威胁和机遇，企业未来需要哪一种商业模式——就有了发现企业竞争优势的基础。这方面的认知可以帮助你优化企业的商业模式，使企业在 DBM 框架中的位置逐步向上方、向右侧移动。

我们的研究表明，竞争优势源于以下三个方面（见图 3-1）：

- 业务内容：包括信息和产品。

- 客户体验：客户与信息和产品互动的质量。影响质量的因素包括：客户使用信息和产品的便利性及信息和产品呈现给客户的方式，通常是多产品、跨渠道的综合体验。

- 数字平台：把信息和产品送达客户的内部数字化流程、数据、基础设施以及外部服务。

不断更新、丰富业务内容的做法将为企业增加新的收入来源。创造超级客户体验可以增加交叉销售机会，提高单客消费金额。开发共享的数字平台（在企业内跟不同部门共享，避免重复开发），企业可以实现规模经济和获得更高的收益。

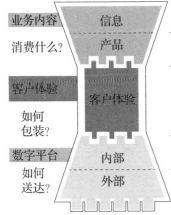

图 3-1　竞争优势来源

资料来源：Adapted from P. Weill and M. Vitale, Place to Space: *Migrating to eBusiness Models* (Boston: Harvard Business School Press, 2001); and J. Rayport and J. Sviokla, "Managing in the Marketspace," *Harvard Business Review*, November– December 1994; and P. Weill and S. L. Woerner, "Optimizing Your Digital Business Model," *Sloan Management Review*, spring 2013. © 2017 MIT Sloan Center for Information Systems Research. Used with permission.

　　本章结尾的自我评估，可以评估你的企业在业务内容、客户体验和数字平台方面的现状，以及这三种竞争优势资源中，哪些是你的企业数字化转型的主要动力。企业不论有什么竞争优势，要想立于不败之地，都必须不断发掘并大力拓展企业优势。否则，你的客户，特别是年轻的客户会跑去竞争对手那里，或者跟亚马逊这类企业（包括其他在相邻行业提供相似业务且重视优质客户体验的企业）做更多生意。

我们来看看亚马逊是如何充分利用这三种竞争优势的。亚马逊的业务内容包括电影和软件等数字产品，以及平台售卖或代理的实物产品、数字产品的信息。

客户体验意味着成为企业的数字客户是一种什么感觉。亚马逊的客户体验来自网站和跟客户接触的商业流程，比如购物车和支付方式，以及短消息提示，比如配送提醒和邮件确认。客户体验也包括客户生成的内容，比如产品评级、评价、购买历史详情、亚马逊餐饮服务、最近浏览内容以及个性化推荐等。

亚马逊数字平台——完整的数字化业务流程、数据和基础设施——将产品和信息送达客户，平台包括内部系统和外部系统两个组成部分。内部系统包括客户数据以及客户分析、人力资源、金融服务和商品销售等业务流程；外部系统包括电话、触屏、客户搜索和购物用的电脑以及通信网络，再加上亚马逊的合作运输公司，比如负责发送物流短消息的美国联合包裹运送服务公司（UPS）。所有的外部系统与亚马逊的内部系统实现了完美融合。

正如前面提到的，亚马逊属于 DBM 框架中的顶级生态企业。一家成功的生态企业必须在三种竞争优势上都达到世界顶级水平。属于 DBM 框架中其他三种模式的企业——供应商模式、全渠道模式和模组厂商模式——在业务内容、客户体验、数字平台方面的组合各不相同。在本章后面，我们将一步探讨DBM框架中每一种模式各有什么优势。

最终，你的企业需要像亚马逊一样在上述三种竞争优势上全都表现卓越，才能在未来的数字经济竞争中胜出。然而，同时提升在业务内容、客户体验和数字平台方面的能力是十分艰巨的任务。此时，特别是当你的实体公司要实现数字化转型，开始构建新一代企业时，应该聚焦一到两个核心业务领域。记住以下几点建议：

- 假如你的目标是创造新的数字化收入，那么从做强数字业务开始；
- 假如你的目标是增加交叉销售、提升单客消费金额，那么聚焦提升客户体验；
- 假如你的目标是提升效率和灵活性，那么聚焦建设和推广共享的数字平台。

（更多关于如何协调战略目标和竞争优势资源的阐述，参阅"数字化能力建设从何起步？"）

## 数字化能力建设从何起步？

从何起步取决于你构建新一代企业的战略目标是什么。创造新的收入，需要开发一系列稳定、有吸引力的新业务——新产品、新包装、新信息。例如，银行、电信和传媒公司总是在不断提供新产品（比如，信用卡优惠、电话套餐、新歌曲）吸引客户的注意力，提高线上、线下渠道的收入。然而，客户体验才是提高市场份额和单客消费金额的关键。像亚马逊等企业的服务一样，丰富的客户体验包括容易操作的界面、更多客户自助服务、其他客户参与，使客户对线上渠道更忠诚，而且愿意在线上花更多钱。但是，降低成本是平台的使命，如果你的企业的主要盈利模式是低成本、高利润，那么就从平台建设开始。

假如你聚焦数字业务，企业目标是成为从数字产品和服务中盈利的行业领军者，那么仅靠某一方面的竞争优势是不够的，三个方面都必须出类拔萃。要获得丰厚的数字化利润，将三个方面相结合会带来显著的效果：业务内容带来市场关注和收入增长，客户体验让客户愉悦并产生交叉销售，数字平台灵活地实现规模经济。

本章将阐述如何发现、利用你的企业的核心竞争优势资源。结论出自麻省理工学院斯隆商学院信息系统研究中心（MIT CISR）对全球大公司的实践调查，以及针对数字化领军企业的案例研究，包括亚马逊、BBVA、澳洲联邦银行、富达、律商联讯、网飞、施耐德电气、顺达电梯、猫途鹰和星展银行。

首先，我们讨论由数字化引起的经营场所从实体场所到网络世界的转变，以及企业的竞争优势如何受这一转变的影响；其次，我们讨论业务内容、客户体验和数字平台的竞争优势；再次，我们讨论针对 DBM 框架中每一种商业模式，哪一种竞争优势最有效；最后，我们介绍关于律商联讯的案例，介绍它如何综合利用二种优势提升其竞争力。本章结尾的自我评估可以帮助你认识你的新一代企业最重要的资源或者竞争优势是什么。

## 竞争优势从实体空间转向虚拟网络

在互联网之前，企业经营主要是在实体场所进行：有可见的实体，以产品为基础，以与客户达成交易为目的。为了让客户满意，企业很依赖实体空间，比如银行的分支机构、超市、诊所；也很依赖人，比如销售团队、保险经纪人、商店职员、教师和医生。

今天，所有行业都在以不同的速度转向数字网络世界。业务变得不可见，企业强调以服务为基础、以客户体验为导向，商业运营也主要通过电脑、移动设备和 App 进行。

你的企业需要研究如何从实体空间转向网络世界，如何借助数字化为客户提供服务。在网络世界里，要满足客户需求、增强数字黏性，企业需要考虑内部管理的三个重要方面：第一，内部责任（客户的负责人）通常从产品部门，比如银行的信用卡部，转移到多元产品的客户体验部门。第二，业务流程需要再造，以实现自动化的自助服务，并且自助服务可以无障碍、跨渠道获取。第三，客户数据必须由企业相关部门共享。数字化转型的风险相当大，所以尽量不要出现失误。

下面，我们来看网飞在 2011 年的案例，这是一家垄断 DVD 邮寄租借市场的网络视频市场头部企业。由于商业模式上的失误——在大幅提价的同时，公司将线下业务（邮寄业务）与线上业务（网络视频）进行了拆分——网飞惹恼了许多用户。结果，2011 年 7—11 月，虽然网飞的营业收入提高 52%，股价却暴跌 79%，因为投资者不再信任网飞有能力管理公司的业务。这时，网飞的 CEO 里德·哈斯廷斯（Reed Hastings）意识到公司犯了冒进和贪多的错误，于是，他以"致客户的一封信"、公司的网站微博、YouTube 视频等方式向用户道歉，并详细说明了公司目前正在努力实现的目标。此后，网飞东山再起，重新成为网络视频市场上的佼佼者，2015 年网飞在全球市场上获得了高速增长，而且还成功完成了内容投资项目——例如，迪士尼的独家代理以及对其他原创内容的投资。截至 2017 年第一季度，公司获得了 1 亿订阅用户，网飞的股价飙升到 2011 年低迷时期的十几倍，很好地展示了一家成功的数字化公司经历大起大落然后再现辉煌的历程。

另外一个例子是《华尔街日报》。在传统的纸质媒体世界，《华尔街日报》自己创作内容（故事、照片等），经过排版印刷（专有独特的版面设计、风格），通过专属发行渠道（报社、卡车和送报员）将报纸送到读者手里。客户价值经由几个部分的严密配合而产生。

在新的网络世界，产品和服务、打包、发行渠道不仅发生了变化，而且被分割开了。数字内容大爆发，而且并非全部是原创：《华尔街日报》从其他媒体（比如路透社（Reuters））获得授权发布的报道，同时也向合作方提供内容，发送给合作方的客户。打包的过程被转换成连续的数字化客户体验，包括搜索、存储和其他设备上的各种功能。发行渠道变成了内部、外部数字平台的结合——有些数字平台是《华尔街日报》自己掌控的，有些不是。（比如，客户可以随时随地通过手机、电脑、电视获得《华尔街日报》的内容。）新闻内容由不同模块组合生成，因此，针对不同客户会有不同的价值定位。

正如我们所见，在印刷品向数字产品转变的过程中，一旦达到了临界点，转向网络就会加速、不可抗拒。其他行业也类似，因为受到某些因素的影响，比如行业监管、产品复杂性、数字产品的可控性等，转变速度可能不同。即使在医疗健康行业，服务人员与客户需要在实体空间进行密切接触，我们也看到了越来越多的线上服务：医生通过加密邮件问诊，对病人进行远程监护。安泰开发了 iTriage App，为客户提供健康、保健、诊断、医疗等方面的信息；保险公司开发了越来越多的线上自助理赔服务。业务从实体空间向网络世界迁移，企业需要数字化竞争力，这些现象并不限于零售市场。B2B 企业同样深受影响，也许速度会稍微慢一点。（更多关于不同产业如何利用竞争优势的内容，参阅"不同行业的竞争优势"。）

## 不同行业的竞争优势

企业发展三种竞争优势的有效性如何，部分取决于所在的行业。为了更好地掌握各行各业的成功实践，我们开展了企业调查，评估企业的业务内容、客户体验和数字平台，寻找能够影响企业表现和导致行业差异的因素。

企业效率得分最高的是软件及服务行业，最低的是能源、采矿和健康管理行业。很明显，在每个行业中，经济效益好的企业——用净利润和收入增长来衡量——在所有三个竞争优势方面的得分也较高。例如，在金融行业，排名前三位的金融机构在业务内容、客户体验、数字平台三种竞争优势上的得分比末位的三家金融机构分别高出 29%、35%、26%。这些结果很好地证明了，数字化竞争力更强的企业往往能够有更好的经济效益。

同时，我们看到，同一个行业内也有大量企业正在加入数字化转型的浪潮。例如，十多年前，银行专注于开发业务内容。那时候，银行以产品为核心，各家银行在产品设计和创新上展开竞争，努力给客户提供更多的产品。银行的大量投资集中在开发最好的抵押贷款、信用卡或者车贷产品上。然而，时至今日，产品创新和设计已经不再是竞争优势的来源，因为大多数银行推出了五花八门的产品和纷繁复杂的服务。相反，世界上有许多银行专注于建设灵活的数字平台，例如核心银行服务系统，能够方便、低成本地开展产品创新和服务创新（比如，针对家庭生活事务），使银行能够更加精准有效地满足客户的需要。聚焦平台战略帮助银行将成本收益率（营业费用与营业收入的比值，是衡量银行经营效率的指标）从较高的75%降到行业领先水平的35%左右。

今天，银行业务转向了改善客户体验。客户不仅想要一个优惠的抵押贷款，而且想要多元组合的良好服务体验——与手机、电脑、个人银行顾问或分支机构一起提供——使银行和客户之间建立更好、更强的关系。业务转型要求银行实行彻底的组织变革，打破某个产品的供应商（例如，信用卡或按揭商）和消费者之间的关系，在它们之间增加一个多渠道客户体验综合体。

## 业务内容的竞争

在 DBM 框架中，为了实现收入增长，企业要提供高质量的业务内容满足客户需要，同时不断迭代更新。当企业推出新的、吸引人的业务内容时，客户会再次购买，企业收入增加。新增的收入可以支持企业开发更好的服务方式（数字平台），以及更多让客户参与消费的方式（客户体验）。产品种类单一、服务内容陈旧且没有亮点的企业普遍发展较慢。稍后我们会谈到，DBM 框架中的供应商模式特别适合用业务内容来最大化企业的竞争优势。现在，我们看看猫途鹰是如何转型为生态驱动模式，即一站式旅行首选服务商的。猫途鹰是最著名的、全球最大的旅游服务公司之一，在 49 个国家和地区用 28 种语言提供服务。

猫途鹰的业务内容包括提供超过 5 亿家餐厅、酒店的餐饮和住宿服务，以及风景评论、照片、评级、排名、地图、价格以及相关信息，月平均用户数量达 4.55 亿。该公司彻底颠覆了旅游产业，特别是旅行社、旅行指南出版商和旅游评论机构的市场。更厉害的是，2016 年该公司收购了 HouseTrip，拓展了业务内容的种类，开始与爱彼迎竞争。

让猫途鹰放大业务内容效果的是其优质的客户体验，包括强大的业务能力，比如大规模搜索、网上预订、城市指南、假期规划、会务旅行以及跟地图结合的搜索结果。猫途鹰知道，客户通常使用浏览器规划行程，在到达目的地附近时会使用手机进行导航。支撑着业务开展和客户体验的是公司强大的全球化数字平台，该平台能够让合作方无缝链接到公司网站，并可以连接到客户的互联网和移动设备。

最终，公司的业务内容才是让客户成为回头客的原因。猫途鹰的CEO史蒂夫·考夫（Steave Kaufer）解释说："即使资本最雄厚的竞争对手也无法创造我们如此卓越的业务内容。这就是令人难以置信的市场壁垒。"

另外，猫途鹰让餐厅和酒店对客户更有责任感。酒店和餐厅经理经常在几个小时内回复客户的网上评论。公司的营业收入大部分来自广告和预订佣金。结果，猫途鹰在五年里业务收入增长了18.4%，2016年净利润率为8.1%，而五年里行业平均的收入增长为15.9%。

## 客户体验的竞争

在DBM框架中要产生深度的客户黏性，企业需要创造超级客户体验，需要实时掌握客户在做什么，以及他们想要什么，需要投资开发一个友好的客户操作界面，创造机会与客户进行互动。否则，企业就无法让客户满意（客户可能还会四处传播他们糟糕的体验），无法实现有效的跨界营销（是重要的新收入来源），无法提高单客消费金额。

在本章的后面部分，我们将探讨 DBM 框架中的全渠道模式如何利用客户体验发展竞争优势。现在，我们先看看星展银行（DBS）的全渠道模式。

DBS 的总部在新加坡，年营业额为 73 亿美元，是亚洲最大的银行之一，2016 年被《欧洲货币》（*Euromoney*）评为"世界最佳数字银行"。正像许多非网络原生的企业一样，打造优质的客户体验成为银行整合孤岛业务的一段必经历程。2009 年，业务响应速度慢及客户服务质量差的名声促使 DBS 下决心转型。DBS 进行了自我重构，建立了一个核心服务平台，整合最先进的科技以快速响应客户需求。DBS 特别重视客户旅程、优化服务流程，并提出了新的行动口号——RED："R 代表我们尊重客户，E 代表让银行业务变得简单，D 代表我们值得信赖。"在落实新行动口号的时候，银行的员工感觉工作是为了创造价值，而不是为了降低业务成本。他们的确为客户创造了价值，节省了超过 1 亿小时的业务时间，客户排队等候的时间缩短了一半。

DBS 正在努力让银行服务变成客户的一种享受。银行越来越以客户为中心，聚焦于客户旅程（银行最近分析了 250 种客户旅程）。客户旅程指的是客户完成某项交易时跟企业打交道的时间的总和。有时候，客户旅程是指完成一次交易；有时候，客户旅程包括客户参与的全过程（比如，从上线到贷款还清）。客户旅程包括客户行为、动机和障碍。了解并分析客户旅程是提升客户体验的强大工具。

DBS 拥有优秀的产品和平台，但是，企业发展的强大动力是银行为客户提供最佳体验的决心和每一位员工都有的服务客户的热情。因此，银行转型为以优质客户体验为核心，即以节省客户时间为统一的衡量指标。DBS 的下一个行动是把银行品牌推向新的市场——印度。DBS 在印度市场发布了纯线上服务，称为数字银行，数字银行代表了未来银行的普遍模式：客户走进跟银行合作的咖啡连锁店，用政府发的身份 ID 卡完成银行账户注册，然后，当场就可以在手机上体验各种优质的银行服务。一年后，数字银行在印度获得了超过 100 万注册客户。（关于客户体验方面竞争的案例，参阅"施耐德电气的竞争优势"。）

## 施耐德电气的竞争优势

21 世纪初期，施耐德电气（以下简称"施耐德"）在高速发展的过程中开发了多种不同的商业模式。有些业务公司尝试过好几种模式，结果发现，解决某种特定问题的专业能力对销售和服务团队而言很难轻松掌握。于是，施耐德的目标定位在：

充分利用能源管理方面的优势——长期以来去中心化地赋能当地企业以创造价值——让全球客户共享施耐德的能力和专业性。除了引领各个市场的能源管理之外，还有一个重要的问题摆在施耐德高层面前：企业未来发展的竞争力主要来自哪里？

我们有一位同事还记得，2012年他参加在香港举办的施耐德高层会议时大家侃侃而谈。未来数字化能够发挥企业现有的核心优势，为施耐德创造新价值，大家对此兴致勃勃。当被问及"未来三年公司的竞争优势来自哪里"时，施耐德的高层给出了一致的回答：世界级的客户体验。数字化从提出理念到实施，需要在产品创新和数字平台上大量投入，然而，客户体验被选为施耐德在数字时代最重要的竞争优势资源。

于是，施耐德实施了一个企业内部转型的三年计划，称为"同一个施耐德"，把多年并购的各类资产、平台、人员、品牌认知整合成一个整体，目标是创造一个统一的品牌认知，让不同层级、不同部门的员工协同行动，给客户带来最佳体验。为了实现这个目标，"同一个施耐德"计划建立了一个高度融合、以客户为中心的工作环境。

施耐德面临的困境之一是，企业以前通过收购，在不同业务部门里积累了超过150个ERP（企业资源计划）系统和350个CRM（客户关系管理）系统。为了解决这个问题，施耐德成立了一个新的全球部门，称为"信息（information）、流程

（processes）、组织（organization）部"，简称 IPO 部门。IPO 部门认为，施耐德需要建立新的 360 度客户评价体系，因此需要打造统一的全球 CRM 系统。过去，施耐德等大企业要建立内部共享系统，往往需要花费 5 年以上的时间，而且不一定能成功。现在，施耐德需要一种更高效、更灵活的方式，于是，它创建了一个软件即服务的云解决方案。必须遵守两个主要指导性原则：够快够好、只提供标准化功能和有限的个性化。施耐德的 IPO 部门用了 18 个月，在 100 多个国家和地区的 2.5 万个场所布置了新的 CRM 系统。将销售部门连接到同一个平台上共享信息，这对于创造优质客户体验非常重要。平台推动了交叉销售，使公司的营业收入获得了 20% 的增长。

## 数字平台的竞争

想要实现数字化商业模式的规模效益，企业需要开发、复用数字平台（在企业内部共享，而非在每个领域重复建设）。如果没有数字平台，企业的 IT 部门可能要针对每一项业务采取不同的解决办案，结果是产生了各种杂乱无章的系统，这些系统虽然可以应付当前的需要，但是开发成本较高，而且不稳定，无法实现企业的规模效益。更糟糕的是，客户了解的只是不同门类的产品，而没有一个统一的、多产品组合的体验效果。对比一下，今天的网络银行用户体验非常棒，你可以在同一个地方看到自己所有账户的情况。还记得以前的情况吗？我们从不同的银行收到各个账户的纸质账单。

在本章的后面部分，我们将详细介绍 DBM 框架中的模组厂商模式如何充分利用平台创造竞争优势。现在，我们先看一个全渠道模式的案例——澳大利亚联邦银行（CBA）如何利用数字平台成为全世界排名（按照银行资产）第十的银行。CBA 拥有 51 700 名雇员、1 380 个分支机构，为全球超过 580 万的活跃客户提供网络银行服务。跟全球大多数金融机构一样，CBA 的 IT 系统也是针对不同的产品、渠道和业务而开发的。因此，员工需要针对不同的产品和渠道使用不同的系统才能核对客户信息，而且，不同的系统无法展示客户在银行所有部门里使用的全部产品和服务。

在过去十多年里，为了改善客户服务、降低运营成本，CBA开发了一系列平台，并在 2008 年替换了旧的银行核心系统。平台建设是为了筛选高层认为未来竞争必备的 20 个最先进的 IT 功能，包括 IT 基础设施（比如互联网、终端计算、数据中心、网络安全）和分支机构、网银、财务以及核心系统、业务流程（比如溯源、服务、后台、管理部门）和数据（比如客户、产品、渠道）等。当时，最关键的能力要求是针对不同的产品、渠道和业务提供统一的客户体验，包括统一的客户数据存储、统一的 CRM 系统、标准化的服务和销售流程，以及跟踪客户在不同渠道之间的活动轨迹。

在 IT 基础设施升级四年之后，CBA 开发了几大数字平台，这些数字平台不仅改善了银行的客户体验、降低了运营的支持成本，而且使各业务部门能够快速推出新服务。投资和平台管理的战略方针让银行获益匪浅。刚开始的时候，不少人认为 CBA 的行动颇为冒险。如今，投资和投入均获得了回报。目前，CBA 是澳大利亚境内资产排名第一的银行，也是年利润和成本收入比最佳的银行。科技投资是 CBA 成功的关键，彻底重建平台的举措在其成为数字银行先锋方面发挥了重要作用。

2015 年，CBA 增加了 95 万个新账户，其中 12% 的新账户注册（在 5 分钟内就可以完成开户手续）是通过数字渠道完成的。新账户的个人银行余额当年就提高了 38%，这些成绩"显然离不开核心平台"，行长伊恩·纳瑞夫（Ian Narev）介绍说，"我们的想法很清楚，客户更喜欢使用银行服务就说明了技术的重要性"。

诚然，CBA 拥有优质的产品和客户体验，然而，是 CBA 的平台战略使之在激烈的竞争中脱颖而出。

## 你的企业的商业模式和竞争焦点

现在，我们回到 DBM 框架，讨论能让企业在数字时代获利的四种商业模式：供应商模式、全渠道模式、模组厂商模式、生态驱动模式。我们建议，可以将 DBM 框架和本章介绍的三种竞争优势资源结合在一起，作为你的企业数字化能力建设的起点。如果你还没有开始行动的话，请到本章结尾完成自我评估，看看你的企业的业务内容、客户体验和数字平台的现状如何，确定三种竞争优势资源中哪一种最重要。下面，我们来看竞争优势如何跟 DBM 框架中的不同象限相结合（见图 3-2）。

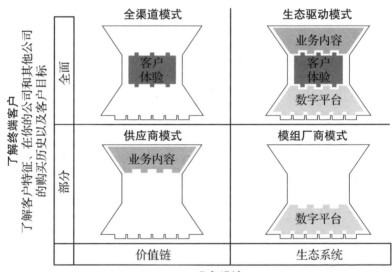

图 3-2　新一代企业的竞争优势资源

资料来源：© 2017 MIT Sloan Center for Information Systems Research. Used with permission.

## 供应商模式

供应商模式是通过其他公司销售商品。即使供应商可能直接面向终端客户做广告，或者在社交媒体跟客户互动，或者用大数据分析客户的爱好，客户最终是通过中间商完成购买的（但愿是该供应商的）。因此，供应商的产品要跟各类相似的产品展开竞争，例如，要在超市货架上或者金融顾问那里展现出与众不同的一面。

为了有效地开展竞争，供应商必须在某个时刻针对客户的需求提供最佳的产品。同样重要的是，供应商必须有接近客户的好机会——在超市要向客户展示供应商产品的吸引力，金融顾问要考虑哪家金融产品最符合客户的需求。过去，这种关系使供应商与中间商之间产生了利益安排。例如，公募基金可能支付前端或后端佣金给金融顾问。数字化——在某种程度上是规范化——创造了公平竞争的环境。一个有力的校平器就是在线搜索，终端客户可以找到更多信息，判断产品是否符合自己的需要，还可以获得其他相似客户分享的意见、建议和体验。可惜传统渠道没有"跟我一样的客户"这种典型、客观评价的重要来源——反而充斥着缺乏专业训练的店员或者带个人偏见的金融顾问。当然，也会有很多可以欺骗技术系统的手段，但是一般来说，其他客户的建议和评价对于某客户的购买决策非常重要，而且变得越来越重要。

于是，因为要在同类竞争中脱颖而出，供应商必须要有优质的业务内容，并不只限于好的产品和服务。优质的数字化内容可以提供介绍实物产品性能的有用信息、如何有效使用该产品的视频，或许还能够接触到提供支持和客观评价的用户社群。对于供应商模式来说，最大限度地用数字化方式提供产品和服务非常重要。对于实物产品，这意味着数字化专利注册，或者自动升级硬件的操作系统，比如电视机。对于数字产品，这意味着即刻提供产品并实时更新。业务内容仍然是供应商模式之王道。

## 全渠道模式

全渠道模式聚焦于满足客户的生活事务需要，对客户情感上的投入比供应商模式要多。但是，我们看到只有极少数采用全渠道模式的企业真正实现了优质的客户体验。在为实体世界而设计的企业基础上增加数字渠道，让新型的客户体验变得流畅，这本身是一个巨大的挑战。大多数银行、能源公司，以及过去只有线下业务的零售商都在努力转向全渠道模式。

BBVA 的高层对移动渠道进行了长期、深入的思考，得出一个结论：智能手机是客户对银行业务的远程控制器。这个创新的概念立刻让客户变成了主控方，他们可以选择在自己喜欢的渠道上获得银行服务。例如，移动 App 使客户的远程服务经理、个性化的预约系统，以及分支机构的快速跟踪服务之间实现了无缝、实时的连接。此外，有一些 BBVA 产品，客户可以在不到 1 分钟内在线完成购买——银行致力于提供更多这类数字化产品。全渠道模式的竞争优势在于优质的客户体验。毫无疑问，任何竞争优势都要有高品质的产品和高效的平台，但全渠道模式的关键点在于客户体验。这种模式也加强了客户与银行的密切关系。例如，BBVA 宣称，希望到年底时客户可以在手机上"自己动手"办理 90% 的银行业务。结果，客户更愿意使用银行的移动服务，原因是，简单地说，客户可以通过自助方式办理更多金融业务，也让银行将来与那些客户有更多业务交流。

## 模组厂商模式

模组厂商模式的基本特征是产品或者服务具备可以接入任何数字生态系统的能力。模组厂商模式的业务就像乐高积木一样，通过各种 API 很容易接入其他企业的平台。该模式下的企业（即模组厂商）必须开发出能够在不同国家和法规下使用的产品和服务。蔬菜小贷（Kabbage）是一家利用互联网为小微企业主提供流动资金的领先企业，拥有通过超过 10 万客户和 30 亿美元小额贷款规模。客户在 5 分钟内，仅通过三步操作——注册、在线面试、提款——就能获得 Kabbage 在互联网上提供的贷款资金（最高金额不超过 10 万美元）。Kabbage 利用自有专利的数据分析平台，根据各种外部渠道提供的信息（包括 QuickBooks 等账户信息、卖家的交易历史、社交媒体软件）审核贷款申请。贷款方式是一揽子授信，客户只需为使用的资金支付利息。这种直接贷款的业务规模将继续增长，但在我们看来，Kabbage 的巨大市场潜力在于其模组厂商模式。

通过跟银行、其他有小微企业客户的公司进行业务合作，Kabbage 借助第三方生态系统提供实时的流动资金贷款。Kabbage 最近宣布跟英国的桑坦德银行（Santander UK）、美国的国民联邦独立商业银行（National Federation of Independent Business US）、荷兰国际集团，以及 UPS 开展业务合作，Kabbage 以模组厂商模式嵌入这些公司的客户或者会员生态系统。凭借成功的模组厂商模式，Kabbage 在 2015 年美国发展最快私营公司排名 5 000 强评选中排名第 36 位。

Kabbage 等模组厂商必须拥有世界级的平台。平台需要在很多国家或地区跟任何企业的生态系统很容易地进行互联、实现运行。模组厂商的数据非常重要，同样重要的是，在快速和高效的同时，模组厂商还要不断学习和更新。模组厂商模式倾向于重逻辑、轻数据。像 Kabbage 那样，模组厂商使用许多来自外部的数据，包括跟它们合作的生态平台上的数据。

## 生态驱动模式

　　成功的生态驱动模式是成为某个领域的首选服务商。生态企业（即处于生态驱动模式的企业）可能最重要的抉择是选定业务领域。亚马逊的业务领域，从卖书发展为普通零售，然后进化到满足客户一切需要的购物目的地；日本 7-11 的业务领域，从便利店发展为客户满足日常生活需要的首选服务站。为了实现这个目标，一家典型的日本 7-11 店里有大约 3 000 种产品，这些产品是由店员每隔几周从海量产品目录中挑选出来的。客户通过 7-11 的线下门店和线上渠道，可以获得 7-11 母公司多达 300 万种商品——包括大型百货店和超市。宝马致力于成为个性化交通出行的首选，包括购买或租赁汽车和自行车、包车以及其他交通出行方式。安泰的愿景是"建设一个更加健康的世界"，意味着安泰要成为满足客户健康管理需求的首选。优步希望成为物流的首选，致力于在某个城市构建一个包括个人交通出行、食品运输以及更多其他服务的数字化网络。这些成功的企业都拥有志存高远的愿景，即要成为所在领域之首选企业。

　　要想成为某个领域的首选企业，必须具备独特的业务内容、客户体验和数字平台。这三方面的完美结合才能让你的企业与众不同，成为客户的首选。生态驱动模式不仅营销自己的优质产品和服务，而且提供互补的产品，甚至包括在客户体验和数字平台上即插即用的竞争对手的产品。客户体验必须一流，并且要利用生态企业收集的大数据不断进行优化。数字平台具有双重功能，不仅客户可以使用，合作方、提供互补产品和服务的竞争对手也可以使用。例如，如果你到先锋集团的网站做个人财务分析，智能工具可能会推荐客户在投资组合中增加债券比例。网站会为你推荐可以购买的债券目录，自然，先锋集团的债券基金肯定排在第一位推荐。然而继续往下一点，客户会看见先锋集团其他竞争对手的产品，包括富达、USAA、富国银行和摩根大通。不论你购买先锋集团的基金还是其他基金，数字平台都必须为客户提供全部的有关信息，并促使交易顺利完成。

　　生态驱动模式是唯一要求所有三种竞争优势都达到世界水平的模式——这是一个非常高的门槛，所以成功者屈指可数。下面，我们深入分析生态企业律商联讯是如何在业务内容、客户体验和数字平台这三个领域中锲而不舍、力争上游的。

## 律商联讯：强大的业务内容、客户体验与数字平台

律商联讯是全球最大的法律专业资讯服务商，其发展说明了一家企业如何应对调整和增强数字化竞争力的挑战。2016年，律商联讯的业务收入为12亿美元，在130个国家或地区拥有几百万订阅客户，美国的大型律师事务所都是其客户。2016年，律商联讯的毛利率是19.2%，远远超过该领域平均毛利率水平（4.6%）。而且，律商联讯的业务环境越来越数字化，母公司里德爱思唯尔（Reed Elsevier）的报告显示，律商联讯来自数字业务的收入从2000年的22%上升为2016年的82%。律商联讯的高管希望在不久的将来这一比例能达到100%。

在法律服务数字化的趋势下，市场竞争越来越激烈。像必应和谷歌这类搜索引擎在查找律师名录、公共档案和案件资料等方面成为越来越重要的信息来源。政府也不断推动公共档案数字化建设，让人们更容易搜索和找到相关信息。在法律检索领域，律商联讯名列前三四位。律商联讯如何成为客户的首选，并且让客户感觉价值斐然而且不愿意更换法律查询服务商呢？鉴于其目标是要成为一家100%数字化的企业，答案就是律商联讯不懈努力，力争在三种竞争优势方面都成为佼佼者。律商

联讯投资于创造更多独特的业务内容，提升多元化产品的客户体验，建设更加灵活的全球数字平台。

## 创造独特的业务内容

律商联讯提供独特的业务内容，对律师而言具有更高的价值。律商联讯以越来越容易查到的方式继续提供公共档案和判例法信息。但在特色业务方面，律商联讯与顶级法律专家——最著名的大律师——合作，他们在知识产权、破产法、宪法和税法等许多领域提供意见和评论，定期更新有关内容，此举受到各界律师的热烈欢迎。同时，律商联讯另辟蹊径收集客户意见；跟美国头部律师事务所签订合作协议，用律商联讯的渠道整合专家建议；还跟顶流的法律博主合作。通过以上措施，律商联讯产生了其他渠道没有的独特业务内容。

## 改进与评估客户体验

律商联讯投入了大量资金提升客户体验。鉴于对目标客户群进行的市场研究和调研没有得到令人满意的结果，律商联讯组织了一个由人类学家和社会学家组成的团队，走近客户，去挖掘客户有哪些尚未满足的需求。调查团队跟客户一起座谈、观察，询问他们每天有什么最苦恼的事情，发现他们重复最多的繁重工作，讨论如何改进服务方式。

以客户为导向的深入创新实践给律商联讯带来了深刻的影响。例如，调查的结果帮助公司改变了移动业务的产品路线图。起初的移动开发战略是打算让客户可以在移动端获得全部服务内容。经过调查却发现，客户首先想在移动设备上快速完成最紧迫的事情，比如，搜索日期、检索法律条款、考证案件编号和判例，这些工作分别在不同的 App 上完成。于是，律商联讯开发了几个满足目标性任务需求的移动 App，受到了客户的热情追捧。

律商联讯在关键的客户触点上植入跟踪软件，这些软件可以及时反映客户满意度，并在客户与公司的关系受影响之前及时发现问题。而且，跟踪软件还减少了对大行其道却令人烦恼的市场调查的依赖。付出终有回报。2017 年，律商联讯因为开发了增强对客户理解的内部工具而被授予"客户服务至尊成就奖"。

## 建设灵活的全球数字平台

律商联讯的全球化平台 Lexis Advance 彻底革新了公司的技术和流程。除了其他功能以外，新平台提升了用户体验，增加了一些新功能，比如，"我的工作间"（存储、组织及查阅法律研究的网络空间）、更好的搜索过滤功能、引证服务视觉化功能、新的链接功能（案件和编号与公共档案、公司报告、法庭判决等链接）。搜索功能可实现对客户信息、律商联讯资讯和网络资讯的查询，从而让客户能快速得到想要的搜索结果。新平台是针对移动设备开发的，来自移动设备 App 的数据与平台可以顺利实现同步。平台的设计目的是实现良好的客户体验，并通过开放的 API 与客户及合作伙伴的系统连接，使其全球内容存储库发挥作用。平台的模块化作为一项基本的设计原则，鼓励了全球创新和本地创新，将来可以在平台上轻松地增加新的功能。

数字化能力建设方面的投资，特别是针对移动端的开发，让客户从律商联讯办公室到法庭或者客户处往来时有更顺畅的体验。独一无二的专业内容，让客户可以了解多元化的观点；全球网络平台可以支持律商联讯以较低成本提供服务，收集更有质量的客户数据——客户在做什么、什么时候做，以及他们用网页或者手机登录平台时的位置。这些数据可以用来开展进一步的创新。虽然律商联讯不是法律研究领域唯一的选择，但是，这三种数字化竞争优势资源的开发使公司获得了成功。

在考虑业务内容、客户体验和数字平台对新一代企业重要性的同时，还需要考虑最后一个问题：财务预算和择优性。这三种竞争优势——业务内容、客户体验和数字平台——哪一种或者哪几种将成为企业经营的最大亮点呢？企业的下一年度财务预算是否反映了你的优先选择？如果改变财务预算优先项，需要做什么工作？如今，客户和你的企业都从线下转到了线上，到了强化数字化竞争优势资源的时候了。

这个过程并不一定总是轻松、快速的，企业形成统一意见可能就有困难。在最近的一次研讨会上，我们跟一家大律师事务所的 30 位核心合伙人、高层管理者交流，我们请参会者做了本章末的自我评估。结果怎样呢？他们在业务内容方面得分较高，而客户体验、数字平台方面得分较低。当我们问，在未来三年，这三种竞争优势资源中的哪种对企业成功最重要，大家因为意见不同而引发了激烈的争论。

大约有一半参会者，特别是负责律师事务所全面管理的人员，将客户体验作为最重要的竞争优势资源。这些人认为，企业虽然有优质的业务内容以及尚可以接受的数字平台，但是，大多数客户真正需要的是解决他们业务上的实际问题，比如在新的地区开展业务时，要求律师事务所的几个部门共同提供企业客户所需要的法律服务，提供更综合性的客户体验。

大约 40% 的参会者选择业务内容作为最重要的竞争优势资源，因为他们认为，能跟大企业客户保持业务关系的原因是法律专家的意见。他们争论道，企业客户希望能够见到最好的律师，得到针对某个具体事情的最佳法律意见。因此，业务内容才是王道，法律专家是最大的竞争优势资源。

剩下10%的参会者选择了数字平台，理由是法律行业正面临严重威胁，企业需要转型。他们认为，最大的威胁来自有效运用科技的新的律师事务所商业模式。数字平台支持者相信，在企业发展尚处于有利地位的时期就要开始投资数字平台，并成为领先者。需要建设一个强大的数字平台，把价值低的工作进行自动化处理，比如文件审查，让顶级律师能够创造更大价值。成为领先的平台可以应对低成本新进入者带来的收费压力，并且能对客户需求做出更快速的反应。

企业在颠覆式变革时期，如此坦诚的交流对于高管团队至关重要。否则，人们将依然走老路。对我们来说，这家律师事务所的高管再次证实了一个基本的真理：企业里知识丰富的人，往往在重要的战略和方向上很难达成一致。然而，关于竞争优势资源的讨论对企业有益且必要。

你的企业呢？你所在的行业、你的企业处于数字化道路的哪个阶段？假如最近你还没有行动的话，现在就是一个检查你的企业的数字化竞争优势资源的好时机。

在第四章，我们将讨论互联网、无处不在的移动设备和应用程序App对你的企业的数字化转型道路有哪些意义。

# 自我评估

　　从何处开始评估呢？这取决于你的企业目前的情况，以及哪一种竞争优势对三年后的成功最重要。自我评估可以帮助你发现你的企业的数字化竞争优势与劣势。

　　尽量多召集一些同事，和你一起评估企业的数字化优势与劣势，发现哪种竞争优势资源———业务内容、客户体验和数字平台——将在三年后至关重要。首先，使用第三章自我评估第一部分的问题激发团队讨论。当你们完成了本章关于三种竞争优势资源的讨论之后，可以开始进行自我评估的第二部分。每个人对企业今天的三种竞争优势资源进行打分。然后，取集体的平均分数。最后，每人给三年后哪种竞争优势资源对企业最重要进行打分。

第三章

## 自我评估

### 第一部分

**开始评估前要思考的问题**
**业务内容**
- 你是否通过持续增加新的或者改良的业务内容来影响市场？

- 你今天所提供的业务内容，客户觉得其最大的价值是什么？企业内部还有没有其他业务内容可以免费或者有偿提供给客户？
- 你的企业里面谁对业务内容负责？数字化产品的责任与实物产品的信息是否分别由不同团队负责？应该这样吗？

**客户体验**

- 你知道企业的客户体验情况吗？谁在负责？客户跟你的企业打交道时喜欢／不喜欢哪些方面？
- 你的企业有多少收入来自线上业务？如何增加线上交叉销售？
- 如何在企业内部传达客户的意见以持续改善客户体验？
- 行业里在传统竞争对手中，谁拥有最佳客户体验？在新进的竞争对手里面呢？
- 打造你所在领域里的最佳客户体验，需要做哪些改变甚至包括组织重构？

**数字平台**

- 你企业内部的数字平台是怎么的？谁负责？数字平台对于创新是否友好？也就是说，是否可以在现有数字平台上快速推出创新业务？
- 如何将你企业内部的数字平台更多展示给客户与合作方，从而提升客户体验？
- 如何更好利用数字平台上的外部供应商，比如云、服务软件、合作方、外部数据？
- 合作方的数字平台是什么情况？你的企业是否容易连接到对方的数字平台？

---

　　我们关于三种竞争优势资源的调查，采用的是 10 分制，企业的平均分数是业务内容 6.8 分，客户体验 5.6 分，数字平台 6.4 分；最高的分数是业务内容 7.4 分，客户体验 6.1 分，数字平台 7.4 分。如果你企业的分数低于平均分，问题就比较严重了。

第三章

# 自我评估

## 第二部分

分别对你的企业今天的三种竞争优势资源打分（1=不产生商业价值，10=创造巨大商业价值）

基于本章的讨论，根据对三年后成功的重要性，给三种竞争优势资源打分（1=最重要，2=一般重要，3=最不重要）

今人　　　　　　木米二年

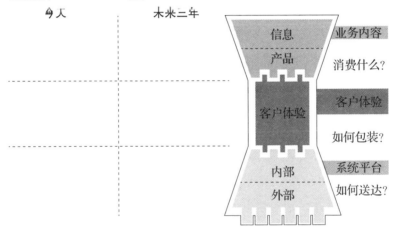

资料来源：© 2017 MIT Sloan Center for Information Systems Research. Used with permission.

本章自我评估的第二部分，可能会显示出你和同事在企业发展方向的看法上存在分歧。如果你和同事在关于三年后企业的竞争优势资源方面有不同意见，请花时间沟通以达成一致。一旦你们形成统一的意见之后，就要聚焦至少一种大家共同认可的三年后最重要的核心竞争优势资源，去追赶标杆企业的分数。

# 04

第四章

**你的企业如何利用移动技术
和物联网实现连接？**

世界上越来越多东西里安装了传感器，从宠物项圈、智能家居，到轮船集装箱、石油钻井。许多企业在产品中植入了传感器，但是，很多企业高管并不是真的知道如何利用智能设备创造经济效益。

同时，移动设备通过各种方式接入物联网，智能手机成了我们生活中的移动控制器。一方面，我们可以用移动设备来管理物体和系统，另一方面，物体和系统也可以通过移动设备定期向我们反馈信息。制造商和其他企业能够对产品和服务进行质量监督，保证更好的系统效果。同时，经过广泛的网络传播，其他客户和企业也能获得相关信息。

移动技术和物联网相结合改变了一切，产生了大量目前我们还难以彻底理解的共享信息。这意味着，移动技术和物联网的交叉领域形成了一个强大的、高附加值的利润区间。这个利润区间为企业提供了重大的机遇和经济利益来源，同时也给客户带来了极大的自由度和掌控力。移动技术加物联网刺激并强化了互联互通。

在五年多时间里，我们研究了数百家企业后得出上述结论，这些企业都在 DBM 框架中往上方、往右侧（趋向生态驱动模式）发展。随着新一代企业的数字资产更容易相互连接，控制将更容易实现，创新将更容易涌现。连接是数字化的本能，从中将诞生越来越多的新商业模式。

未来客户和企业可以实现双赢，而移动技术与物联网的重叠区域无疑是最大的竞争市场。连接的潜在威力（风险和收益并存）带来了一个问题：你的企业如何利用移动技术与数字资产连接，并创造最大的价值？

在第三章中，我们通过发掘企业的竞争优势资源——业务内容、客户体验和数字平台——提供了上述问题的部分答案。连接企业与客户的技术，比如移动技术和物联网，将极大增强企业的独特竞争优势。例如，物联网数据可用于创造服务，产生新的业务内涵；移动技术是与你的客户联系和互动的绝妙手段，可以带来更好的客户体验；当移动技术和物联网被整合到平台上时，将发挥出更大的威力。

本章将帮助你：第一，发现你的企业的移动战略；第二，检查你的企业与物联网结合的程度；第三，在移动技术和物联网的交叉区域找到能为你的企业创造最大价值的甜蜜点。确切地说，我们即将看到大规模的企业整合（兼并、收购等），充分利用先进技术的领先者将管控生态系统，获得连接带来的威力，控制更多资源；而跟随者逐渐成为领先者生态上的供应商。贯穿全章，我们将以唐恩都乐甜甜圈、伟创力、GE、格兰迪银行、强生和迅达电梯为例，向你展示如何实现连接并创造价值。

下面从了解移动战略开始吧。

## 你的企业的移动战略是什么?

很难想到比智能手机更奇妙的技术产品了。智能手机是为个人服务的技术产品，总是与人随身相伴，而且互动性很强，可能还会令人上瘾（看看你周围的人）。智能手机有感应器和摄像头，可以记录地点、用于支付、查找信息、建立社交连接，能让你开心，也很容易个性化，并且所有功能都被整合在一个简单易用的设备上。

随着智能手机的发展和普及，毫不奇怪，我们的数字化连接时间有 66% 用在移动网络上。相比之下，2015 年，美国成年人平均每天上网时间的 53%（174 分钟）用在移动设备上，这让 2011 年的数据 21%（42 分钟）相形见绌。

客户几乎所有的事情都在移动设备上处理，因此，企业需要找到在移动设备上跟客户交互的最佳方法。至今，尚没有经验证的、放之四海而皆准的模式，因此，每个企业都要利用移动设备的所有功能，找到自己的最佳方法。对于任何年龄段的"数字控"人群的福音是，过去要花好几天时间在不同渠道、不

同公司处理的事情，现在花几分钟就可以在一个移动设备上
完成。

比如假期出行安排，对我们大多数人来说，在几年前是一
个复杂的过程，需要花好几周时间，涉及不同的渠道和公司。
我们必须搜索哪里有度假胜地，研究目的地资料，查找当地的
酒店，选购机票，然后决定其他相关事情。我们可能需要去几
趟旅游公司的办公地点才能办完出行相关事情，要去大使馆或
领事馆办签证，还要跟其他各种线上线下渠道打交道。

今天，你的梦想假期所有需要做的事情，包括预订酒店、
兑换外汇、购买机票、支付费用甚至申请签证，都可以在手机
上完成。同时，每一个过去分别为你的度假计划提供部分服务
的企业，现在都竞相提供更多服务甚至全部服务，争取成为你
假期计划的首选服务商。结果，跟客户联系的业务就被集中到
客户手机端上的少数服务商那里。这种生态系统模式对 B2B 企
业也如出一辙。例如，Amazon Supply 公司服务企业客户的模
式，采用了为个人消费者提供服务的便捷方式，都是通过移动
端进行的。服务企业客户的银行也如此，大客户都希望在同一
个移动设备上看见当前的头寸、所有的账户情况以及其他信息。

除了整合服务，成为移动端客户的首选之外，企业还可以
开发一个 App 或者体验友好的移动网页跟客户互动。这种做法
回报颇丰。Pokémon Go 是一款具有高度互动性的 App，它创

造性地将线上互动与真实世界的地理位置相融合，自 2016 年上线后，第一周就创造了超高的用户回头率以及每日收入 160 万美元的奇迹。这种高利润和互动效果是否能持续？答案尚不确定，但是，这款 App 的爆发式成功，让我们认识到虚拟现实技术（数字交互）的前景更为广阔。

此事意义重大。我们的全球调查结果显示，利用移动技术实现客户高度参与目标的企业，其利润空间和收入增长都高于行业平均值。要产生溢价，所有企业都需要加强培育移动业务的能力。移动 App 和友好移动网页不仅可以强化企业当前的战略，还有助于支持企业内部的组织战略——围绕提供优质客户体验重构组织结构——的实现。

例如，在本书前面，我们介绍了土耳其第二大私人银行格兰迪银行，它在 2016 年净利润率达 39.2%，高于行业平均值 4.4 个百分点。该银行决定吸引年轻的新客户，开发了 iGaranti 程序——一款提供智能化财务教练的移动 App，帮助千禧一代处理每日财务问题。这款获奖 App 的开创性功能包括：

- 根据客户的消费方式，识别客户喜欢的品牌，基于 GPS 定位客户，并提供精准、独特的产品和服务；

- 生成每月预算，发送消费金额、余额可能不足的提醒和建议；

- 建立与脸书和其他社交网络的连接，具备点对点转账功能；

- 具备数字钱包功能；

- 可以用拖放的方式自定义 App 桌面；

- 可以通过语音与虚拟客服对话，客户不用再敲手机键盘了。

格兰迪银行发现了重构银行以适应新时代的方法，即将传统的以网点为基础、以产品为中心的战略转变成以移动业务为中心的战略。通过记录千禧一代的生活习惯，iGaranti 将创造银行的新一代终生客户。数据丰富的互动、直达客户的渠道，使格兰迪银行能够创造并提供更精准的服务，与每一位客户建立个性化的关系。

当你仔细思考自己的企业如何像 iGaranti 一样构建移动业务能力跟客户互动时，请记住，企业成功不仅仅依靠投资，还取决于企业的战略是否清晰，以及能否有效地执行。在研究中，我们发掘了五种独特的移动战略，你可以用来建立强大的移动业务应用，当这些战略与物联网结合时，将推动你的企业转型为生态驱动模式。以下是五种移动战略（按照对企业基本能力潜在影响的升序排列）：

1. **品牌强化移动战略**。免费提供有用的、能强化品牌认知的服务，增加与客户的联系。

2. **多渠道移动战略**。通过跨渠道整合提升客户体验。

3.**B2B2C 移动战略**。通过中介公司销售产品与服务的企业，直接连接终端客户。

4.**目标定位移动战略**。针对一个重要领域，打造独特的产品和服务。

5.**移动优先战略**。在移动渠道上进行所有的创新活动。

下面，我们逐个讨论上述五种移动战略。

## 品牌强化移动战略

以品牌强化为目标的移动 App 战略，是为了提升客户与品牌的联系。企业在采用这种战略时都非常有创意。通常做法是，企业开发一些与自身产品和服务互补的移动 App 和网页。例如，强生旗下拥有超过 250 家公司，设计开发了几款移动 App 来强化企业品牌。举例如下：

- **"关心今天"移动健康管家**：提醒客户按时吃药。可以跟其他人分享吃药记录。

- **数字健康打分卡**：计算个人健康分数。预测客户发生常见慢性病，比如，糖尿病、心脏病、呼吸道疾病等的可能性。

- **"捐一张照片"**：客户每上传一张照片，强生就为客户支持的事业捐出 1 美元。

- **强生七分钟锻炼**：仅用一把椅子和人体自身重量，设计
  一套高强度体操或者一个耐力训练课程，包括视频、追
  踪和定制计划。

通常来说，当 B2B 企业刚开始战略性地用移动设备联系客
户时，目的不在于销售产品或者更深入地了解客户，然而，品
牌强化移动战略是一个特别有吸引力的战略。这些企业以前大
多是通过中间商进行销售的供应商模式，它们希望能将其在
DBM 框架中的位置向上提升。

## 多渠道移动战略

多渠道移动战略的目标是通过提供无缝的跨渠道体验增强
跟客户的整体关系，提供比单独使用线上或者线下渠道更好
的体验。伍尔沃斯是澳大利亚最大的零售企业，拥有 3 000 家
店和很多品牌产品，包括食品、酒类、汽油及其他普通商品。
2016 年，这家公司实现了 424 亿美元的销售额和 3.1% 的净利
润（该行业净利润平均值为 1.8%）。除了关注网络客户外——
他们的消费只占很小的比例——伍尔沃斯还开发了移动 App 以
优化智能手机客户的购物体验。

这款多功能 App 可帮助客户建立一个购物清单（例如，通
过扫描商品条码），基于客户在商店的行进路线重新排列商品；

根据客户过往的消费记录突出显示相关优惠活动；追踪加油站的打折信息。客户如果没有时间去店里消费，或者愿意在线消费的话，可以一键下单，对于购物清单上的全部或者部分商品，主要的城市区域的客户都可以享受当天送货上门服务。在有着2 200万人口的国家，伍尔沃斯的App被下载200万次，产生的影响是惊人的，移动App用户比纯线下购买的客户消费金额高出65%。这些数字表明，加强与客户的移动App互动比单纯依靠线下渠道可以带来更高的销售额。

但是，移动业务的成功需要持续投资和不断创新，伍尔沃斯最近业务出现下滑，原因是澳大利亚零售市场的竞争变得更加激烈，包括ALDI、亚马逊等在内的竞争对手都表现不俗。当前的竞争环境对于伍尔沃斯是一个机遇，可以依托其开启的强大移动服务实现差异化，并进一步在移动端获取客户。最新版App有许多新功能可以增强跟客户的互动，比如，可以分享家庭购物清单，加强版的商品搜索功能还可以提示客户喜爱的商品正在打折。

## B2B2C移动战略

B2B2C移动战略针对的企业以前通过中间商销售，没有直接跟终端客户连接。现在，企业可以使用移动App跟终端客户建立真正的联系。例如，宝洁发现，83% 的客户在去商店之前就决定了要买什么商品。宝洁过去几乎不知道也从来没有与宝洁品牌的 45 亿终端客户建立连接，移动 App 和移动友好网页都可以给宝洁提供跟客户直接联系的机会。起初，宝洁提供网页，比如帮宝适（Pampers.com）。现在，宝洁开发了移动 App，比如帮宝适优惠（Pampers Rewards），旨在加强客户与品牌的联系并影响客户的购买决定。

B2B2C 移动战略对连锁企业也适用。我们在第一章里讨论过唐恩都乐品牌，这家成功的全球快餐店特许授权商，使用移动 App 来加强与唐恩都乐甜甜圈最终消费者的联系。DD 钱包奖励计划也鼓励消费者使用 App。移动 App 加上 DD 钱包，不仅让该企业跟最终消费者产生紧密连接，而且还提供了唐恩都乐甜甜圈顾客消费行为的信息。因此，这种 B2B2C 的连接通常同时给企业和消费者双方带来了利益。

## 目标定位移动战略

回到格兰迪银行的例子。这家土耳其银行 App 的目标对象是数字"原住民"，即年龄在 18 岁到 28 岁的年轻人，他们的生活离不开移动设备。银行的目的是吸引那些没有账户的年轻人，通过移动 App 与他们建立密切联系，帮助他们逐步建立理财产品和服务的组合，然后，使他们成为银行的忠实终身客户。银行采用崭新的设计建立了与年轻客户的情感连接，让 App 更容易使用、具有社交性、可积极互动，而且设计感很强。App 上有资金提示条追踪客户的消费习惯，给客户发送各种提醒和建议。结果，这款 App 大获成功，注册 App 的活跃客户转化率为 43%，第一年申请贷款的客户中人约有 10% 的人使用了这款 App。

## 移动优先战略

西太平洋银行（Westpac）是澳大利亚四大银行之一，它将移动端视为进入银行的前端入口，移动优先战略表明其将采用一种新经营模式。2014 年，西太平洋银行的营业收入为 199 亿澳元，该银行宣布，所有的新产品、新服务都首先通过移动渠道发布。接着，西太平洋银行开发了超过 45 个横跨四个主要品牌的移动 App 和平板电脑 App。银行在移动业务上的投入带来了令人瞩目的成绩。第一年，7.5% 的银行客户通过移动端办理业务，有 20% 的单项产品——信用卡、一般贷款、存单等等——是通过移动渠道销售出去的。到 2014 年底，银行移动业务取得了净推荐值（NPS）63 分，显然，客户很喜欢这种方式。相比之下，美国银行平均只有 34 分。到 2016 年底，西太平洋银行实现营业收入 268 亿澳元以及 39.8% 的净利润率，而且客户关系非常和谐，有 89.9% 的客户表示对西太平洋银行的移动业务感到满意。

移动技术的一个关键的战略性机会，是能够快速抓住客户的反馈，然后有效地放大客户需求在企业经营中的影响力。移动优先战略是一种重大的战略转型，不仅要在移动应用方面投入，而且要对现有组织进行重大变革，重新调整产品和业务，从而让移动端成为企业的业务入口。对于大多数企业来说，这种调整意味着重新思考（也意味着重新组织）在移动优先战略下如何合理使用其线下渠道。

不论你的企业采取以上哪一种战略，发展移动业务都将获得可观的回报。我们发现，在我们调查的 334 家企业中，有 71% 的企业制定了很高的移动客户目标，而实现了高目标的企业（占 334 家企业中的 43%）获得的净利润和收入增长分别为 5.5% 和 6.1%，高于行业平均值。这些领先的企业制定了各种高目标，选定了清晰的移动战略，并严格执行战略计划。我们从案例研究中发现，初期的（通常是较小的）成功会鼓励企业更广泛地利用移动渠道建立客户关系，同时带来越来越大的投资和组织投入。在结果导向的因果循环中，移动业务的成功又激励企业提供更多、更好的移动客户服务。

在思考移动业务对于企业整体战略的重要性时，要考虑以下问题：你的企业在移动业务上是领先者还是跟随者？企业是否获得了最低效益？企业里面谁负责推动移动业务？如何激励企业中的年轻人——移动端的真正使用者——带头冲锋陷阵？你的企业在转变为DBM框架中的生态驱动模式之前，必须回答这些问题。更多细节内容，参阅"迎接挑战，创造移动价值"。

## 迎接挑战，创造移动价值

每家企业都要发展优质的移动业务，但困难总是存在的。你可以采取以下几种方法，保障企业从移动业务中获得最大收益。

- 首先要确定企业中哪些部门对客户体验负有责任，可能会涉及市场部、客服管理、IT或者特殊业务部门。一个制胜的移动战略常常要问"哪些部门对客户负责"的问题，这会挑战企业当前的权力分配方式。如果这个问题得不到重视，客户就可能收到来自企业不同部门良莠不齐的移动服务。这般混乱的情形听起来似乎不可能，实际中却司空见惯。

- 在五种移动战略中，挑选一个最适合你企业的战略，制定改善客户关系的高目标，然后按照目标采取行动。这些实践将让你的企业高层更有信心，使他们愿意支持下一步的移动战略。

- 利用 API 将企业最赖以成功的业务能力赋给基础交易系统——这些能力是你的企业最重要的珍宝。尽快开发移动 App 或者业务网站，要将发展核心业务与移动 App 或网站的开发分开进行。

- 讨论成功的移动战略对其他企业资产（人员和实体机构）意味着什么。例如，对于银行、零售商、大学等依赖高触感商业模式的重资产机构，移动战略可能会改变其实体渠道（比如，银行线下网点）的用途，并逐渐减少对实体渠道的使用。

## 你的企业对物联网的投入有多大？

物联网预示着一个万物互联的世界，是一种让顾客感觉愉悦的新方式，是企业盈利的新机会。这种新前景带来的不仅是企业经营模式的改变，而且包括企业与客户、供应商以及合作伙伴关系的改变。从根本上，一切都将互联，包括产品、人和资产，由此将产生大量的数据，这些数据被应用于日益数字化的交易市场，对其中的供需双方进行优化。某些龙头企业将领导这个过程（可能是掌控它们各自的物联网），其他企业则成为参与者。

不论你的企业在物联网远景中的目标定位是什么,都会面临巨大的商机。据估计,到 2025 年,物联网市场规模将高达11.1 万亿美元。

巨大的前景引发了大量讨论和战略布局。我们的研究发现,成功实施物联网战略的企业在 DBM 框架中的位置都在朝着生态驱动模式(右上角)移动。这是怎么回事呢?原因之一是,当企业愿意改变商业模式时,例如从卖产品到提供服务,可以创造更多总收入和净利润,这是一种新的经营方式带来的重大转变。

从技术上看,物联网通过使用传感器和其他互联网终端资产,将物理设备网络跟企业自身的数字网络连接,使企业变成生态驱动模式。不过,物联网真正的威力在于,企业将互联网终端资产与数据分析、算法以及其他能力相结合,从而能自动回应客户需要——可能是客户已经产生的需要,甚至可能是客户自己都不知道的潜在需要。

接下来,我们将分析三家领军企业所采取的物联网策略。不过,先让我们看看,在已经到来的高度连接的世界里,最终导致卓越领导者与跟随者之间产生差距的关键因素:对物联网的投入。

## 投入：物联网最核心的成功因素

鉴于物联网的光明前景，我们希望理解企业如何利用物联网改变经营方式，迄今为止最优和最差表现者有哪些不同特征。我们猜测，物联网正处于技术成熟度曲线的顶部，通常接下来即将发生的是，企业将面临改变商业模式、利用新机会的艰难工作，这将进一步拉开头部企业和尾部企业之间的距离。

我们访谈了 413 位高管，了解他们的物联网战略和迄今为止的企业发展结果。我们发现了什么呢？企业对物联网的投入与新增收入之间有很强的相关性。

图 4-1 直观反映了在物联网上投入力度不同的制造企业之情况对比。图 4-1 的右上角显示了一群制造企业，它们都在物联网上有大量投入，并在过去三年里有 60%~90% 的收入来自新产品或者新业务；相比之下，图 4-1 中位于左下角的企业对物联网的投入很少，在过去三年里只有 10% 的收入来自新产品。对物联网的大量投入与新增收入之间的强关系令人吃惊——从左下角到右上角的点几乎连成一条直线：对物联网投入越多，创新带来的增长越大。为了简化，我们只展示了制造业的研究情况，但是，对于所有行业我们都有相同的结论。

哪些因素促进了企业对物联网的投入呢？我们发现有下列四个重要因素，本章后面将详细讨论。

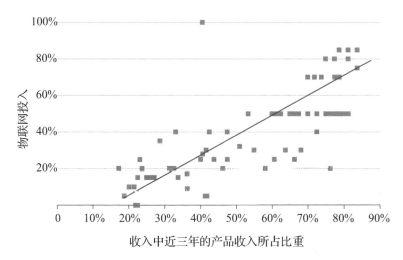

**图 4-1 对物联网投入越大的企业获得越多来自新产品的收入增长**

资料来源：MIT CISR 2015 CIO Digital Disruption Survey of 352 participants. © 2017 MIT Sloan Center for Information Systems Research. Used with permission.

1. **威胁**。来自数字颠覆的严重威胁将促使企业加大在物联网方面的投入。那些受到数字化威胁的企业，更有动力将物联网投入作为增长或者生存战略。

2. **愿景**。高管委员会成员花更多时间分析和讨论数字颠覆，首席信息官花更多时间带领团队聚焦于创新。

3. **物联网新能力**。物联网投入多的企业比投入少的企业拥有更开放的 API 来处理内部业务、连接外部企业。

4. **组织准备**。当企业具备了更多能力，比如领导力、投资能力、治理能力、共享能力，就可以投资物联网，以实现与商业模式转型相匹配的重大变革。

在这个领域重磅投入的回报是明显的。在物联网投入最多的 40% 的企业中，平均有一半收入来自过去三年里开发的新产品；相比之下，在物联网投入最少的 40% 的企业中，平均仅有 16% 的企业的收入来自过去三年里开发的新产品。

在我们最近一次针对大约 45 位 CEO 开展的物联网研讨会上，企业在物联网上投入多或者少能被明显感觉到。一家能源公司的 CEO 告诉我们："我们的目标是设计平台，邀请更多生态参与者，我们要领导一个物联网网络，给客户提供全方位的解决方案。"这位 CEO 对物联网的热情将让他抓住物联网机遇，带领企业发展成为生态驱动模式。相反，一位电动汽车公司的 CEO 说："我们的目标是根据需要参与到更多其他企业的物联网系统里，保证我们的电动汽车随时随地可以连接。"这个温和的目标可能让公司发展成模组厂商模式。

当然，很多公司需要同时成为二者——生态驱动模式和模组厂商模式。大多数公司都力图领导至少一个物联网系统，同时参与其他公司主导的物联网系统之中。例如，上述能源公司可能会领导一个能源管理的物联网系统，同时参与其他几家公司的物联网系统，可能是建筑企业或者施工管理公司的物联网系统。成为领导者、跟随者还是两者兼顾，这是企业制定物联网战略时必须做的关键决策。

## 三家企业的物联网发展历程

在下面的三个案例中，你将发现，每家企业都聚焦在上述两个目标之一。伟创力是一家供应商模式企业，其业务是帮助其他公司打造物联网能力，向 DMR 框架右侧发展，成为模组厂商模式或者生态驱动模式；迅达电梯有 140 年历史，正在成为物联网赋能企业，不断提升客户服务水平，并在 DBM 框架中往上方、往右侧移动，从供应商模式朝着全能渠道模式再到生态驱动模式的方向努力；最后，GE 全面采取物联网战略，期望从全渠道模式转变为生态驱动模式。

### 伟创力公司

伟创力以前叫伟创力电子（Flextronics），2016 年收入 240 亿美元，帮助客户创造新产品和提供新的解决方案，为客户提供设计、制造和供应链服务，使客户的物联网战略得以实现。公司 CEO 麦克·麦克纳马拉（Mike McNamara）解释说："这些互联终端设备（机器或者其他植入传感器的设备）的能量在于，它们存在于环境中，采集、感知环境中的数据，顺应环境信息并实时调整。企业围绕数据和信息建立商业模式，而数据需要硬件来连接和采集。"伟创力的物联网投入体现了物联网成功的四大因素。

1.**威胁**。伟创力的传统商业模式是合约制造商，虽然其业务在市场上领先，但是利润空间很小，还吸引了低成本竞争者的加入。伟创力发现，客户和其他企业都面临更短的技术创新周期、更短的产品生命周期及对互联智能产品等技术应用服务的强烈需求。

2.**愿景**。为了满足企业日益增长的创造互联智能产品的需要，伟创力启动了"从概念成型到规模量产"（sketch to scale）战略，依托其模块化能力，开发了为智能硬件产品制造提供应用模块的服务。原市场总监麦克尔·马登霍（Michael Mendenhall）说："大多数企业知道它们不可能独自实现那么大的产量。我们培育它们的创新、核验、测试和认证能力。我们让企业创新变得高度可靠，将模块化服务植入产品商业化的过程中，包括税务和贸易环节，加快企业产品进入市场的速度。"

3.**物联网新能力**。为了使"从概念成型到规模量产"战略成为现实，以最快速度提供客户需要的产品，伟创力识别出七大核心物联网能力技术，并为每个技术建立了一个卓越中心（一群有能力的人聚焦在某个特别领域）。这七大技术代表了推行物联网战略的企业应该具备的能力：

- 传感器和制动器；

- 安全与计算；

- 人机交互；

- 连接性；

- 智能软件；

- 电池和能源；

- 柔性科技和微型化。

伟创力利用其卓越中心的上述七种能力，可以帮助客户在任何领域（从数字健康到可穿戴运动设备）完成从概念成型到规模量产，生产个性化产品。

4.**组织准备**。为了鼓励跨行业学习，伟创力把有创新专长的设计工程师组成一个部门，并任命了一个高层管理者负责所有创新活动。当新的物联网设计和服务带来更多内部及外部合作需求时，伟创力发展了更优秀的合作能力。最后，伟创力设计了一个四阶段的创新流程，帮助客户实现从提出创意到完成商业化的过程（"从概念成型到规模量产"战略的一部分）。

今天，伟创力的合作方包括耐克（Nike）、福特（Ford）、强生等，这些合作都取得了令人注目的效果。85%的可穿戴运动设备里都使用了伟创力技术，这家企业现在开发了超过130个可重复使用的应用模块。

## 迅达电梯

迅达电梯的业务包括生产、安装和维护自动扶梯、电梯和人行电动传送带，在100个国家或地区拥有超过5.8万员工，2016年业务收入为95亿美元，资产回报率超过行业平均值。迅达电梯经常被看作世界上最具创新力的企业，具备了企业物联网战略的四个最重要的成功因素。下面，我们逐个分析。

1. **威胁**。电梯等产品的价格竞争越来越激烈，迅达电梯的亚洲市场呈发展态势，60%安装业务的增长来自这里，需要企业持续提供创新支持。售后维护占行业收入的50%，占经营利润的约75%。一些当地并不从事安装的公司也在提供电梯维护服务，还常常通过低价手段从迅达电梯抢走客户。

2. **愿景**。在过去十年里，迅达电梯改变了企业愿景，从以产品为基础的工程企业转为以客户为导向的服务商。企业的目标是在价格敏感的市场上利用成本优势和优质服务打败竞争者。迅达电梯整合了几项数字技术，比如传感器和移动技术，结合数据分析技术来支持其前瞻性、预见性的全球服务模式。

迅达电梯曾努力开展过几次商业模式变革，目前的模式是围绕服务技术人员提供全新的综合服务。同时，企业不断改进电梯和自动扶梯产品。如今，通过各种App整合传感器设备和迅达电梯响应设备的数据，迅达电梯提供了高品质的客户体验。

3. **物联网新能力**。迅达电梯的新能力体现在各种电梯的传感器上，传感器每天发送超过 2 亿条电梯运行情况的信息；业务规则引擎和预测分析算法，对传感器的数据进行及时分析后采取相应行动；客户网站终端和"我的迅达电梯"（mySchindler）App，实时为客户和技术人员提供信息。

传感器被大规模安装在新电梯上，它可以从一部电梯上多达 750～1 000 个点位采集数据，该技术也被用于改造旧电梯。迅达电梯首先使用这些数据了解环境，比如温度的影响，然后根据此类信息对电梯和自动扶梯的相关功能进行优化。另外，业务规则引擎上的复杂算法利用数据预测设备故障，包括损坏和需要更换零部件。迅达电梯还在提升电梯用户体验的 PORT 技术上投入大量资金，利用授权验证和智慧算法来优化电梯的路线，减少电梯用户的等待时间。新的服务帮助电梯运营商在市场上脱颖而出。在大型建筑里，迅达电梯在早晚高峰期可以实现对高达 3 万人的流量进行高效管理。

4. **组织准备**。为了推动越来越多的数字化创新，实施新的商业应用，迅达电梯在组织和技术上都开展了变革。首先，公司把所有的数字化能力聚集于一个部门——2013 年成立了迅达电梯数字业务部。这次行动整合了公司的几个部门，包括研发部门、IT 部门、服务和安装部门、工业设计和模拟仿真部门等。而且，迅达电梯创建了一个贯穿许多职能部门的矩阵式组织架构，实现知识分享和协同，还开发了一个名为"迅达电梯卓越流程协调应用（SHAPE）"的全球商业平台，让所有业务流程的数据可以共享。

迅达电梯的另一项改革是让客户直接参与解决方案的设计，这其实是初创公司常用的创新方式。最后，公司聚焦于快速创新来生产最小可行产品。公司不给客户提供有太多选择的全面解决方案，因为那样决策和评估时间都太长，相反，只提供保留必要核心功能的最小可行产品。最小可行产品投放上市后，公司就能从早期客户那里收集对产品的反馈，再利用反馈信息生产大多数客户想要的最终产品。

## GE

这家美国巨人企业志在构建和引领一个物联网平台，而不是成为参与者。几年前，GE 的 CEO 杰夫·伊梅尔特（Jeff Immelt）宣布了一个重大的战略转变：助力创造和管理"工业互联网"。当他描述这个愿景的时候，我们的同事正与许多 GE 高管在房间里开会，大家对于这个大胆的计划感到既惊讶又敬佩。随后，GE 发生了很多变化，所有的变化都推动了 GE 物联网战略目标的实现。

1.**威胁**。在经历 2008 年金融危机后，GE 的股价尚未恢复。

更严重的是，其业绩表现比标准普尔 500 公司差很多。而且，公司的业务增长缓慢，五年营收增长率为 -3.3%。

2. **愿景**。伊梅尔特清晰地表达了一个愿景：工业工程与制造要与大数据分析相结合。光生产工业机器是不够的，机器设备必须实现互联，数据的采集和分析要用来提升业绩。这个愿景重新回到了 GE 在重工业和工业自动化领域所追求的本源。

3. **物联网新能力**。GE 创立了一个软件公司和一个叫作 Predix 的物联网平台，以支持 GE 利用工业互联网。在 Predix 平台上，GE 可以采集、存储、分析数据，各家企业都可以利用数据辅助决策并监督业务表现。

4. **组织准备**。GE 聚焦于愿景，并为实现愿景进行了组织变革。公司在 2015 年出售了 GE 资本业务，在 2016 年出售了硬件业务，之后又出售了照明业务。为了寻找新的软件天才和技术天才，GE 将总部搬到波士顿，比邻世界级的技术和高校。

虽然今天仅有 3% 的工业数据被采集和有效地使用，但是 GE 预测针对工业物联网的全球投资将会大幅增长。待到时机成熟，Predix 平台将能够安全地与任何 IP 赋能的设备进行连接，包括 GE 制造和非 GE 制造的设备。

GE 将 Predix 平台定位为为企业内部业务和外部客户提供"连接即服务"的平台。Predix 将首先开发对 GE 内部的工业互联网管理服务，包括飞机发动机和石油、天然气业务。然后，

Predix 平台将管理客户的物联网驱动业务。如此这般，GE 在倡导物联网服务于自身业务的同时，也将这些服务赋能给客户的物联网驱动业务。

上述举措跟亚马逊围绕 AWS（亚马逊网络服务）云计算服务的商业模式如出一辙。亚马逊利用 AWS 技术能力服务自身的业务，同时提供额外能力给客户，以增加收入，降低成本。GE 数字公司（GE Digital）分析道，对于 GE 的客户来说，"Predix 的微服务是可以共建共用的软件模块，可以像建筑模块一样用来快速开发产品应用"。对于 GE 增长战略来说这是一个大胆的愿景，即用平台服务自身的传统业务，同时帮助客户建立它们的物联网愿景来创造新业绩。

我们回到 DBM 框架，回顾分析的三个案例——GE、迅达电梯和伟创力。GE 的 Predix 愿景是赋能企业自身及其他企业的业务，迅达电梯的愿景是提供安全顺畅的电梯以及其他的城市运输解决方案，它们代表了希望领导物联网网络，成为生态驱动模式的大企业类型；像伟创力这样拥有互联资产但不领导物联网网络的公司，将加入其他企业领导的物联网网络。这些公司将成为模组厂商模式，会承受这种模式的喜与忧。假如你的企业是模组厂商模式的领军者，你的企业就处于一个令人羡慕的位置——可以享受庞大的市场份额带来的丰盛利润；假如你的企业不幸远远落后的话，那么企业可能会跌入深渊。

## 强大的组合：移动技术加物联网

至此，我们分析了未来不断增长的移动市场，然后分析了物联网的前景，展现了新一代企业面临的最大潜在机遇：一个纯粹的移动技术加物联网的世界。源于这个组合，一个强大的价值创造团队诞生了，尤其当企业在 DBM 框架中往上方、往右侧发展的时候，这个团队能发挥巨大的作用。

移动技术与物联网的交互融合赋予客户新的掌控力，他们可以用移动设备发现服务、人群、资产，以及他们希望连接和管理的 App。企业可以利用物联网赋能的网络为客户提供解决方案。那些拥有关于客户行为以及产品如何被使用的精准数据，并采取相应行动的企业，将具备竞争优势。

很多交互都是自动的，企业通过移动设备联系客户（预先得到客户同意的条件下），并用智慧算法做出行动决策。例如，如果你家的警报系统被触发了，摄像头、警报器、响铃、灯光、门锁等设备将会自动启动。不用多久，企业就能够进行更复杂的数据分析，比如让房屋能耗最小化，或者让农业产量最大化，而且一般会采集有关客户需要以及产品如何被使用的准确数据。通过建立伙伴关系，企业能够提供更多的产品和服务。同时，客户也将得到更有效的数据，这些数据显示他们的需求如何被满足，以及还可能有哪些其他选择。并且，商业客户将有一个统一的网络空间来管理能源、交通或者法律、价格等信息。

在不远的将来，客户与企业的高价值增值的重叠领域将成为各家企业的战略竞技场，落后的企业将被淘汰。如果企业能领导物联网系统，同时通过移动终端满足客户的大多数需求，无疑将获得强劲的业务增长，其市场占有率将大幅上升。

以智慧家庭领域为例，谁来引领物联网呢？许多企业已经在这个领域展开了激烈的控制权争夺。比如，飞利浦（Philips）和富勒（Flux）制造物联网赋能的灯泡，摩托罗拉（Motorola）和贝尔金（Belkin）生产智能互联的摄像头，霍尼韦尔（Honeywell）和 Nest（一家制造智能恒温器和烟雾探测器的公司）的物联网赋能环境管理系统，Schlage 和 August 的物联网赋能门锁，索尼和 Vizio 的物联网电视机，还有无数物联网赋能的各种产品即将出现。

那么，你认为应由哪一家企业来协同所有的物联网资产并管理你的移动设备产生的数据呢？这家企业必须有非常强大的物联网网络能力，而且能够获得你的数据。注意前面我们讲到的每一个案例中，都有一个传统领先者和新进入者在争夺领导地位。这就是数字颠覆的本质。苹果宣布 Apple HomeKit 可以协同你的智慧家庭，这一点也不奇怪，但是，Amazon Alexa、ADT 和美国电话电报公司（AT&T）等很多其他公司呢？这些公司也争相要成为智慧家庭的控制网关。

丰富的数据还将带来关于隐私以及企业如何合理使用数据的讨论。关于数据隐私的问题可以写一本书，在这里，我们只做一些观察。对于客户来说，数字世界事关取舍，你愿意用隐私权以及多少个人数据去换取更优质、更方便、更便宜的服务？对于公司来说，是关于如何不越过红线的同时从数据中挖掘最大价值——企业需要围绕合理使用数据建立规则。当然，随着大多数人习惯了数据被服务商看见，数据使用的敏感边界也在发生变化。

企业必须带头建立合理使用数据的规则。以下方法对你的企业有益。

- 检查你的企业是如何使用数据的，是否给企业带来负面影响？
- 保证你的企业使用数据时，给客户提供了价值交换。
- 你的企业使用数据如何影响别人？是否有积极的影响？

为了帮助我们理解以上含义，我们再次回到 DBM 框架。分析到底什么是高度连接的新一代企业的成功决定因素？你的企业可能在移动技术和物联网世界的交叉领域找到哪个最佳甜蜜点？

## DBM 框架：万法归宗

为了分析纯粹的移动技术加物联网的世界里企业如何才能成功，我们首先回到针对新一代企业的 DBM 框架。例如，如果你决定家里使用苹果的 Apple HomeKit，就你家而言，苹果是生态驱动模式，那些互联的、非苹果的设备供应商都是模组厂商模式。

让我们更进一步，把前面谈过的两个物联网策略——领导物联网网络、参与其他企业领导的物联网网络——跟本章开头讨论的五个战略相结合：品牌强化移动战略、多渠道移动战略、B2B2C 移动战略、目标定位移动战略、移动优先战略。

现在，我们看看移动设备的情形。我们设想客户的所有活动都在移动设备上进行——在移动 App 上或者对移动友好的网络环境里。只限于在苹果、三星（Samsung）或者某个设备上使用的移动 App，借助移动设备上的摄像头和越来越复杂的传感器，提供了一个有吸引力的"带围墙的花园"，不仅更方便使用，而且可以个性化，具有整合性、社交性和安全性。移动设备未来会变得操作更容易，功能更强大，连接更广泛，传感器也更多。另外，响应式网站虽然可能无法充分发挥移动设备的能力，而且比一个成功的 App 黏性小，但它自动兼容各种设备。那么，这就产生一个有意思的问题：移动 App 是不是满足人们生活事务需要的最佳方案（不论是 B2B 还是 B2C）？用一款移动 App 或者一个响应式网站是否可以满足人们的大部分需要？或者不同领域里需要不同的生态驱动 App 或者网站？比如消费品领域的亚马逊，财富管理领域的富达，健康管理领域的安泰，娱乐领域的网飞。对于 B2B 企业，为企业活动提供服务的公司名单上有谁呢？是提供客户管理服务的赛富时（Salesforce），提供运营管理服务的思爱普（SAP），提供金融服务的纽约梅隆银行（BNY Mellon），提供企业信息服务的彭博社，还是提供企业采购服务的阿里巴巴？

　　企业必须做一个重要的战略选择。你的企业应该或者能够领导一个物联网网络吗？还是应该参与一个或更多其他企业领导的物联网网络？又或许在不同领域采取不同战略？

　　以施耐德电气（以下简称"施耐德"）为例，物联网对于施耐德实现"领导能源管理和自动化的数字化转型"的愿景至关重要。施耐德能够领导一个能源管理的物联网网络，其中包括客户、伙伴、产品、资产、数据和服务，施耐德决定网络的参与者、参与条件，在这种情况下它是生态驱动模式。同时，施耐德也可以卖产品或者服务给其他想领导物联网网络的公司，在那些场景下，施耐德是模组厂商模式。

　　在客户需求和企业服务的交叉领域，未来存在巨大的价值增值空间。这个空间由客户主导，企业则通过卖产品和服务、采集有价值的数据获得利润。客户可以设置他们希望何时、如何购买服务，而且可以选择自动完成这些决定的过程。你可以想象，当家里物品快用完的时候，通过简易的终端会自动订购家居用品。在更复杂的未来，企业或网络可以监控客户家里（办公室或工厂）所有的智能设备、管理能源消耗、预约保修维护，甚至采购替换品。我们可以畅想无限的可能性。这就是你希望公司占据的甜蜜点。那么，你如何利用我们分析过的关于移动技术加物联网的内容，让企业降落到甜蜜点上？带着这样的问题，我们再来看看 DBM 框架。

## 生态驱动模式

在 DBM 框架中，处于生态驱动模式时，企业主导自己品牌的物联网，邀请大量其他企业参与，控制关键的决策权，包括关于品牌、合同、价格、质量、谁拥有知识产权（IP），以及最重要的，谁拥有和可以看见什么数据。为了这些潜在利益，企业必须在制度、合规、安全和其他方面协同努力。另外，开发物联网平台和邀请参与方需要前期大量投资，这项投资或许能收回，或许不能收不回。同时，生态驱动模式需要一个为客户定制的移动优先战略。通过构建物联网提供精准服务，企业成为客户的首选，客户使用移动设备、生态企业的 App 或网站，在物联网范围内搜索他们需要的所有东西，诸如健康管理、娱乐、金融服务、企业咨询、技术方案等。

## 全渠道模式

处于多渠道模式的企业追求的是在客户选择的任何渠道上满足客户需求。像BBVA一样，许多企业可能采取多渠道移动战略，将移动设备作为与客户交互的遥控器。从物联网的角度看，企业最低限度是加入一个相关的物联网网络。例如，在保险行业，物联网网络可以连接资产，比如汽车、房子、建筑和轮船，通过共享数据可以实现更精准的保单定价、索赔管理，客户可以更容易地从移动设备上获得保险报价，并做出决定。我们甚至可能看到客户把保单分拆，以获得其主要资产更好的单项报价。从最低限度上讲，保险公司需要参与其他企业领导的物联网网络。但是，可能一些保险公司和财务公司有更大的愿景——它们想领导品牌化的物联网网络。

像保险类产业的品牌物联网网络，是应该由保险公司还是其他公司，比如公共事业企业领导，人们对此各执一词。这跟30年前航空公司关于电脑预订座位系统（CRS）的讨论类似。当看到订座系统的巨大能量时，大型企业比如美联航、美国航空公司等都开发了优秀的CRS，并将其剥离成为独立的业务，再引入复杂的股权和治理结构以保障让竞争者和互补者可以加入。

## 供应商模式

移动技术和物联网交叉领域的巨大价值增值空间，对于供应商是困境，同时也是巨大的机遇。大多数供应商都要在 DGM 框架中沿纵轴向上发展，意味着需要更好地理解它们的客户。移动战略从品牌强化移动战略开始（例如，强生），然后进入 B2B2C 战略（例如，唐恩都乐甜甜圈），这是一个好的成功模式。从定义上看，处于供应商模式的企业可能必须参与多个物联网网络。但是，到底哪个网络对供应商模式的成功运行最重要？这些网络的运营者是传统客户，如家乐福、森斯伯瑞（Sainsbury）、沃尔玛，还是新客户，如亚马逊或阿里巴巴，抑或是还未诞生的领导物联网络的新机构？在这一点上，我们只能推测，但是处于供应商模式的企业要能够参与多个有时甚至是竞争性的物联网网络，同时为客户提供一种移动互动方式。

## 模组厂商模式

对于模组厂商模式的企业而言，移动战略是一个两难问题。例如，贝宝有一个移动 App，但是，大多数客户只在出现问题时才用 App 查看账户。而贝宝作为模组厂商提供的高频支付功能，通常要在使用贝宝支付系统的商户的虚拟结算口完成。因此，贝宝和其他模组厂商需要制定针对目标群体的移动战略，方便希望通过移动 App 管理支付活动的贝宝高频使用者。这个高质量群体可能让贝宝通过提供增值服务变得更像生态驱动模式。处于模组厂商模式的企业需要能容易地在任何生态系统中运作，并且在加入许多物联网网络时也是如此。当一个领先的品牌物联网网络需要收付款服务时——大多数情况需要——贝宝和竞争者必须能跟那个网络实现即插即用的匹配。

本章中，我们探讨了正在急剧发展的移动技术和物联网世界所蕴藏的巨大机遇，它们能帮助企业提升战略地位，或者弱化风险。在本章末的自我评估部分，看看你的企业在移动准备和物联网保障方面与头部企业相比的情况。

正如我们在移动技术和物联网世界关于成功的统计分析中所见，时不我待，领导者和跟随者很快就会见分晓。安全的做法是在 DBM 框架中的四个象限先试先行，采用移动技术和物联网结合的战略，发现企业未来的成功商机。一个更大胆和冒险的策略是——就像 GE 所采取的——认识到世界正在快速改变，你的企业如果能茁壮成长的话，十年后面貌将焕然一新。

在第五章，我们集中探讨帮助你的企业在 DBM 框架中向上方、向右侧移动，成为新一代数字化企业的关键能力。

# 自我评估

你的企业在利用移动技术和物联网在 DBM 框架中向上方、向右侧发展方面准备好了吗？利用第四章的自我评估，看看你的企业在移动准备和物联网保障方面做得如何。满分 50 分，大多数企业的平均分数是移动准备 30 分、物联网保障 18 分，而头部企业的得分是移动准备 35 分、物联网保障 29 分。如果你的企业想利用移动技术和物联网的双重机遇，这两部分的得分就必须在平均分以上。假如你的企业这两项分数等于平均分或者在平均分以下，就需要评估企业是否具备增强移动力量和增加物联网投入的内部能力。据我们观察，有许多企业利用合作伙伴加快发展，获得技能，增强能力。你的企业的发展速度需要多快呢？

第四章

## 自我评估

**移动准备（满分 50 分）**

高管在企业的移动战略中参与程度是多少？（1= 完全无，10= 深度参与）□

客户在企业的移动业务设计和发展中参与多少？（1= 完全无，10= 深度参与）□

你的企业的营业收入有多少来自移动渠道?（1= 完全无，10= 全部）

□

移动战略在多大程度上使用 API 赋能的企业能力?（1= 完全无，10=
依赖 API）

□

收集、使用移动客户数据的程度如何?（1= 完全不，10= 完全收集和
利用数据）

□

**物联网保障（满分 50 分）**

先进的物联网战略对于你的企业的成功有多重要?（1= 不重要，10=
至关重要）

□

目前，你的企业资产中有多少有 IP 地址?（1= 无，10= 大多数有）□

企业的首席信息官参与创新策略的程度如何?（1= 不参与，10= 是创
新成功与否的核心人物）

□

高管团队参与数字化战略的程度如何?（1= 不参与，10= 战略设计的
关键）

□

企业对实施物联网战略变革是否准备好了?（1= 没有，10= 准备好了）

□

资料来源：© 2017 MIT Sloan Center for Information Systems Research.

# 05

第五章

## 你的企业是否具备数字化重构的
## 关键能力？

你的企业的主要目标市场是什么？你将如何重构企业，成为目标市场的客户首选？这是我们在本书中以不同形式提出的问题，因为企业如果不自我重构就无法在数字经济中生存。企业领导者必须教笨重的大象学会跳舞。

企业重构需要建立一个令人心动的愿景，从而促使企业提供最好的客户体验，保持敏捷、高效、有创新能力，成为超棒的工作场所和业务伙伴。也许，这些要求听起来有点过高，但是，如果达不到的话，创业公司和其他有野心的大企业就会利用数字化赋能的商业模式来蚕食你的企业。

在本章中，我们将依据 DBM 框架，讨论企业如何转型并重构为更成功的商业模式。也就是说，企业的领导者着眼于未来，需要决定在哪些方面——商业模式、组织结构、技能和实践进行投资和尝试。要想从尝试中习得经验，企业必须成功完成两个战略任务：

1. 建立数字化企业文化和组织结构，共享数字化的价值观、信念、传统和责任，以指导企业行为。

2. 灵巧地在创新增效和降低成本方面齐头并进。

请参阅"施耐德电气的自我重构"，这一专栏介绍了企业如何创造机会完成转型。

在本章中，我们再讲两个故事，生动地说明为什么企业重构如此刻不容缓。一个故事，讲述一家企业由于没有全面实施数字化转型而造成客户体验一塌糊涂的尴尬情景；另一个故事，讲述一家企业因为抓住了数字化机遇并借此飞速发展，成功地从大企业（本案例中是大银行）抢走了大量客户。接着，我们根据这两个故事以及其他企业案例，说明企业成功实现数字化转型需要掌握的八项关键能力。自我评估部分用于判断你的企业关于这八项关键能力的情况、跟其他公司相比如何、你的企业应该聚焦在哪些方面进行重构。最后，我们回到BBVA的案例，回答在研讨会中我们经常被问的问题：如何设立企业重构的愿景？如何改变企业的文化？

## 施耐德电气的自我重构

施耐德电气（以下简称"施耐德"）在2009年开始商业模式转型，从销售产品到提供产品和服务，转型的工程被命名为"同一个施耐德"。作为当时已经有大约175年历史的老牌企业，施耐德从根本上改变了对企业的描述，从"制造和销售电子自动化产品"（供应商模式）变成"提供智能化能源管理与自动化解决方案"（生态驱动模式）。施耐德改变了跟客户交互的方式，帮助各业务部门重新设计客户服务流程，引导业务部门更多地采用数字化方式对客户开展业务。公司还开发了移动 App 和网站，允许客户参与自己的产品特性设计。今天，"我的施耐德"App 让客户不仅可以每周 7 天每天 24 小时不间断得到支持，而且可以设置个性化的事件提醒，以及从 App 下载自己需要的文件。

为了实现新的诱人的客户体验方案，施耐德做了大量投资，为未来转变打下基础，接着，为了巩固转型成果进行了重要的组织变革。2009 年"同一个施耐德"计划成功实施后，2012—2014 年，施耐德又完成了另一个为期三年的项目，叫作"连接计划"。该计划的目的是让公司内部形成跨业务部门、跨地理区域的高度连接与协同。为了实施"连接计划"项目，当时负责信息系统的执行副总裁赫夫·考锐尔（Herve Coureil）把 IT 部门从技术中心转变为带着"数字赋能"目标的协同中心。施耐德重构了 IT 部门，提供标准化的 API 以便所有的企业都能接入。通过 API 为服务赋能是施耐德的核心能力，是施耐德卓尔不群的原因之一（在有关施耐德的案例中，主要介绍的是它的能源管理与自动化产品和服务方面），确保了产品和服务能方便地在内部和外部使用。"连接计划"的目标是让直接面对客户的员工与施耐德提供服务的板块能够无缝地、安全地连接。

通常情况下，在某一个时间点，企业可以擅长节约成本或者开拓创新，但是很少在这两方面并驾齐驱。大多数企业常常先不惜血本进行创新和野蛮生长，然后，花1~2年或者更长时间过紧日子以节约成本。而在数字化时代，头部企业从某种意义上说可以实现两者并举——开源创新和降低成本齐头并进，还经常用节约的资金去资助创新。施耐德的领导团队在创新价值主张、对客户跨界销售的同时，还让企业变得更加高效。例如，他们创建了一个新的全球供应链，包括集采、生产、分销等单元，还有金融、IT和人力资源等全球化职能支持部门。过去，施耐德在世界各地有很多当地的、自主的IT组织，它们都有独立的数据、流程和系统，施耐德的全球首席信息官不得不协调50多个当地IT组织负责人的工作。信息、流程和组织（三者合称IPO）的创建实现了标准化，大大降低了成本。功能开发是一场充满挑战的巨大变革，但是，整合能力不断给企业带来利益，并得到了行业的认可。2016年，施耐德在"加特纳（Gartner）2016全球25家最佳供应链"排名中上升了16位，名列第18。

此外，施耐德的组织转型不只限于重塑全球供应链和整合运营支持部门。施耐德还创立了一个新的组织结构，它遵循四个指导性原则。第一，完全自负盈亏，根据业务决定资源分配。第二，按照国家划分面向客户的运营业务。第三，全球供应链管理实现中心化管理，按照功能分门别类——采购、制造、销售、财务、人力资源和IT的全球运营支持部门。第四，施耐

德将创立一个特殊的全球业务部门，负责全球的市场进入模块
（例如，全球财务、软件或者数字化服务）。所有以上的组织变
革都给新的数字化商业模式提供了支持，增强了施耐德的竞争
优势。

## 企业为什么需要数字化转型？

下面的两个故事说明了为什么在数字时代企业转型刻不容
缓，说明当面对新的数字化商业模式带来的挑战时，大型传统
企业如何自我重构。这两个故事都是作者的亲身经历，但是为
了保护故事中当事方的隐私，在此虚构了一些角色。

### Tedium 电信公司

泰勒（Taylor）在家里工作了一整天，分析了一大堆数据，
但是，网络的上传和下载速度非常缓慢，让他对家庭电信服务
商感到越来越气恼。就在这时，他突然在网上看到一家电信服
务商发布了一条广告，推广一个新的"四合一"服务套餐——
包括四项价格优惠的网络服务以及超高速上网服务。为了让日

常工作顺利进行，泰勒拨打了这家公司提供的电话号码，很快，一位销售人员萨莎（Sasha）接通了电话。萨莎很职业，也很专业。她仔细倾听了泰勒的需求后，向他推荐了个性化的"四件套"方案，包括：高速互联网服务、有线电视、家庭固线和赠送两部最新款手机。两人沟通了大约1小时，最后达成了一份新的两年期包月服务合同。

接着，问题来了。当泰勒和家人来到电信公司的零售店领取免费手机时，手机销售部门不知道泰勒是谁，也不了解他购买的套餐项目。尽管出现了这些问题，泰勒离店时还是拿到了一部可以正常使用的免费手机，工作人员承诺另外一部免费手机马上就弄好。后来，泰勒打过四次催促电话，一周后，终于拿到了第二部免费手机。

另外，套餐里承诺的高速上网也没有顺利实现。原来，泰勒的"猫"（调制解调器）——一年前电信公司按照每月租用提供的——实际上不能支持套餐中提到的高速上网速度。泰勒又打了几通电话（至少重复提供了五次个人身份证明），电信公司仍然没有解决"猫"的问题。几周后，电信公司终于按照承诺送来了升级版的"猫"，可是，泰勒——还算技术高手——根本听不懂电信公司人员的操作指导。他又给电信公司的技术支持部门打过两次电话，终于，家里可以实现高速上网了。在这几周里，套餐服务还引起了不少混乱，包括固定网线耽误了好久才正常工作（固线连接曾引起家庭安全系统的误报警），付费电视也有问题。至此，泰勒早已后悔当初不该拨打电信公司提供的那个电话号码。

几周后，泰勒去参加一个会议，在茶歇时间，他向别人简单提起与电信公司打交道的这段经历。恰好，电信公司的一位职员听到了，他加入了泰勒的谈话。他向泰勒解释，虽然电信公司推出的新套餐服务是一个优秀的营销活动，还有萨莎那样受过很好培训的销售人员，确实吸引了不少电信公司的核心客户，但是，仅此而已。麻烦在于，四个不同的服务内容由电信公司的四个独立的业务部门提供，由于四个部门各自为政，关于客户的信息经常会有冲突。更糟糕的是，当每个业务部门定期升级技术时，新的信息没有及时同步到呼叫中心的培训内容里。

结果呢？电信公司的销售额大幅上扬。但是，客户满意度和转介绍率（NPS）直线下降，这表明客户（特别是电信公司的核心客户）不愿意向其他潜在客户推荐电信公司的服务。就这样，电信公司的创新活动功败垂成。

## 完美的支付体验

相反，泰勒在承包一家大型咨询公司的业务时，即时收到了对方付款的体验令其感觉非常好。至少，当他选择使用数字支付时，快速完成了收款。当时，泰勒寄出商业发票已经一个月了，可是仍未收到付款。对方公司向泰勒说明了原因：会计部门要求泰勒填申请表，完成供应商注册，审批流程需要几周时间。而且告知他，完成注册后至少需要 4 周才能收到款项。

假如会计部门没有提醒他可以用另外一种更快、更高效的方式——通过贝宝收款，泰勒肯定会感到绝望。贝宝首先要为泰勒的"一人公司"建立账户，泰勒以为这个过程会很难，可是，他登录贝宝的网站，按照简单的指示进行操作，15 分钟后他就注册完了供应商账户。贝宝还同时认证了泰勒的公司是一家正式注册机构，以及泰勒已经提交过发票给该咨询公司。6个小时之后，咨询公司就用信用卡在贝宝上向泰勒全额付了款。

可能将大型电信公司与贝宝这家初创公司做对比不公平。然而，贝宝的全球营业额已接近 100 亿美元，所以它已经不是初创公司了。只不过，贝宝具备数字基因，更重要的是，具有促进数字文化发展的内在环境。

为什么电信公司不能像贝宝一样反应敏捷？电信公司与贝宝面对同样的市场人群、技术、顾问、关于数字化转型的书籍和博客、供应商等等。想要在数字时代取得成功，像电信公司这样的机构必须聚焦打造数字文化——无与伦比的数字化信心、指导数字赋能业务行为的共享价值观、信念、惯例和责任。

在本章末尾，我们将回到电信公司和贝宝的案例，以及其他公司的故事，阐述企业如何打造数字文化，重构自我，特别是要获得八项关键能力。但是，在继续阅读之前，我们要重温第二章自我评估的两个部分，你可以辨别自己的企业在 DBM 框架中的位置。这就是你的起点，然后，根据你的企业想去 DBM 的那个位置，从八项关键能力中选择你的企业最需要强化的能力。

## 企业重构需要的八项关键能力

为了说明一流的财务业绩需要打造怎样的数字企业文化，我们回到 DBM 框架。不论企业的起点在哪个位置，当企业向 DBM 框架的上方、右侧发展时，平均财务收益也随之提高。比如，在我们的研究中，DMB 框架右上角的企业普遍比竞争对手拥有更大的净利润空间——换句话说，它们更了解终端客户，跟数字生态的联系更紧密。

多数大企业会选择在 DBM 框架中先向上方、再向右侧发展——先成为全渠道模式，再成为生态驱动模式。它们给现有客户提供最好的服务，通过客户喜欢的渠道卖企业自己的产品和服务。（很少有企业会先向右侧、再向上方发展，也就是从供应商模式到模组厂商模式，再发展为生态驱动模式。）这条发展之路更艰难，因为从价值链发展到生态系统要求巨大的文化变革和多种新的技术能力。

要推动企业在 DBM 框架中向上方、向右侧转型，我们建议大企业的领导层从今天开始努力抓住能实现企业重构的机遇。在这个过程中，他们需要打造数字文化，学会在数字经济中的成功之道，同时还要提升财务业绩。我们发现，企业重构取决于八项关键能力。其中，四项关键能力让企业在 DBM 框架中向上方发展，加强它们对客户的了解，提高利用客户信息的能力；另外四项关键能力让企业在 DBM 框架中向右侧发展，使企业的业务设计从价值链转型为生态系统。

要在 DBM 框架中向纵轴上方发展，需要的四项关键能力包括：

1. 收集和使用客户生活事务方面的重要信息（例如，客户的目的）。

2. 在企业内部放大客户的声音（让客户成为企业一切行动的中心）。

3. 建立循证的决策文化（利用客户、运营、市场和社交数据）。

4. 提供整合的、多产品、多渠道的客户体验。

要在 DBM 框架中向右侧发展，需要的四项关键能力包括：

5. 实现差异化，成为你的核心客户有需要时的首选。

6. 发现并拓展良好的合作伙伴关系和收购机会。

7. 服务赋能让你的企业变得强大（通过开放的 API）。

8. 发展效率、安全、合规等竞争优势。

在详细分析这两组能力之前，我们看看安泰建设八项关键能力的案例。企业转型要求同时具有高层从上至下的领导力和各部门从下至上的领导力（见图 5 1）。前面提过，安泰是一家 600 多亿美元市值的健康管理公司，为个人和企业提供服务，其公开的愿景是"建设一个更加健康的世界"。公司长期聚焦在客户对多元化产品和综合服务的体验上，为此整合了公司自身的产品和第三方产品，比如健身服务、健康教练以及其他相关服务。为了提高客户黏性——企业需要不断提升的领域——安泰上线了大受欢迎的智能手机 App iTriage，帮助客户处理意外事故和生病事宜。

15 年之后，安泰的数字战略使企业在 DBM 框架中实现了向上方、向右侧发展。安泰从 2000 年的医疗保险供应商模式，发展成 2010 年的全渠道模式——客户可以很方便地在多个渠道上与安泰建立联系，最后发展为生态驱动模式，拥有在企业、企业的客户以及企业的合作伙伴之间提供代理连接的数字化能力。

例如，为了更好地理解客户，放大客户在企业内部的声音（在 DBM 框架中向上方发展），安泰由 IT 部门主导整合了多个跨部门的系统，为每个客户提供 360 度信息分析。为了加强数

**先自下而上发展（了解终端客户）**

- 购物、采购和交易平台注册：提供像亚马逊一样的购物体验
- 针对不同的态度分组：基本、主流、最佳选择
- 360度全方位地分析会员数据
- 净推荐值、推特、社交情绪的分析
- 利用各种可用的数据来源，最大限度提高客户价值
- 建立一个包括产品、服务、健康与健身的综合解决方案

**再从左向右发展（业务设计）**

- 成为有吸引力的客户首选，满足人们对健康与健身的需求
- 兼并、收购，包括iTriage
- 跟健康保险交易所、健康保险公司、与本企业产品或服务互补的公司等开展合作
- 内部和联营的API（例如，会员和计划档案），包括增加的健康内容、数据和服务
- 成为医疗保健合规方面的专家

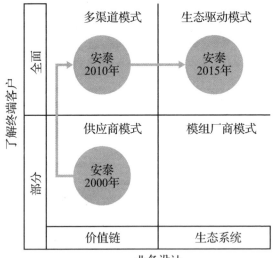

图 5-1 安泰成为生态系统驱动者

资料来源：Interviews with Aetna executives, public sources, and Aetna. com. © 2017 MIT Sloan Center for Information Systems Research. Used with permission.

据循证，安泰利用整合引擎、业务规则引擎和数据科学分析，提升客户服务和健康计划的实施效果。为了放大客户在企业内部的声音，安泰采用多项NPS指标，在推特和其他社交媒体上与客户互动，通过数据分析来追踪客户的社交情感变化。

为了在DBM框架中向右侧发展，成为有效的生态驱动模式，安泰选择成为医疗健康需求的首选，而非医疗保单的首选，这是一种截然不同的市场定位。要实现这个转变，安泰必须建立一个清晰的愿景，成为客户在新领域的首选，整合一系列被兼并的企业及业务合作方，把业务能力开放给其他公司以实现对接。例如，IT团队领导了一个项目，用API赋能安泰的关键业务能力，让内部同事和外部合作方都能借此进行创新、提供服务。安泰开放了一个分层的工具，支持各种服务系统，包括移动系统、可穿戴平台和网络App。安全、管理能力、规模化和可维护性是安泰重要的建设驱力。赋能API整合的目的是实现舒适、独特的客户体验，因此要像API整合安泰的传统业务给客户带来的健康服务体验一样好。

面向未来，安泰将依然在健康领域保持领先的生态驱动模式，提供越来越多整合了广泛合作方的服务。我们期待安泰利用收集的大数据优化其服务，并为客户提供新的服务项目。最后，像iTriage这类App可能会在很多公司大量出现，每个领域都会出现1～2家头部企业。

## 向上发展：了解终端客户并根据信息采取行动

在 DBM 框架中向上方发展，意味着要加深对终端客户的了解，并据此采取行动，提升四项关键能力。同样重要的是伴随每一次能力迭代的学习。

1. **收集和使用客户生活事务方面的重要信息**。这项能力关乎使用数据工具，获得关于客户需要和生活事务的信息，然后依此采取行动。很多企业，比如前面故事里的电信公司，将客户数据存储在不同的部门、系统和地理空间，但是在客户决定跟企业交互的关键时刻，经常无法将数据传送到客户或者员工的移动设备上或者实体门店里。相反，贝宝的卓越之处是能够识别客户是谁。今天，像本书故事中泰勒这样的客户，一方面作为商家经常用贝宝收款，另一方面作为客户经常用贝宝付款。

很多机构在收集客户重要信息方面一筹莫展，因为缺乏一个有效的组织性框架。如今信息多如牛毛、随处可得，如果没有一个框架作指导，就很难知道需要关注哪些数据、问什么问题。USAA 的生活事务模型很好地解决了这个难题。识别客户的主要生活事务，比如买汽车、生孩子、搬家、结婚，这提供了一个数据采集的需求框架。然后，对于每个生活事务，USAA 确定哪些相关的产品能够帮助客户解决问题。这个方法对于 B2B 企业来说同样可行，企业的生活事务包括进入一个新的国家、发布新产品、收购、兼并，或者需要一个新的 CEO。

当然，有其他方法来组织数据，比如按照客户的交易流程和更传统的客户分类。但是，对于我们来说，生活事务的框架很有吸引力，因为它促使企业重新组合产品和服务，以满足客户的生活场景需要而不是推销产品。以大型技术公司为例——惠普（HP）、IBM、微软（Microsoft）、赛富时、华为或者 SAP，它们面临的最大挑战是理解一个 B2B 客户的生活事务，然后通过汇集不同业务部门的产品和服务，迅速提供满足客户需要的独特方案。挑战在于，如何让定制化的方案真正满足客户需要，同时还可重复使用（即插即用）公司现有的能力。目前，在大多数情况下，成功取决于某些个人（基本上是销售人员）的杰出行为，他们通过在公司内部的业务之间协调关系来满足客户需要。这种内部摩擦往往会降低客户满意度，影响公司利润。或许在更糟糕的情况下，就像电信公司"四件套"的例子，客户得到的劣质服务没有整合也缺乏个性化，还要经受从一个部门到另外一个部门的来回折腾。

2. **在企业内部放大客户的声音**。放大声音不只是简单地用 NPS 或其他客户体验与满意度的检查手段，而是要真正把客户放在企业的中心，依托数字化在每一次内部会议、每一个决定中都考虑客户的利益。

因此，一个"以客户为中心"的企业看待 NPS 矩阵，会获得更多相关的信息，比如，让客户在社交媒体或者兴趣小组里表达真情实感，然后运用大数据技术和实验方法进行分析。不论你使用什么技术，目的就是在你企业的每个会议室、每个决定、每个产品设计、每一天及每时每刻都放大客户的声音。只有让客户的声音在企业内部的关键时刻鲜活地出现，你才能在了解客户方面有真正的突破（然后在 DBM 框架中向上方发展）。

举个例子，当泰勒经常使用贝宝之后，他就开始不断收到各种资讯，例如收到邮件介绍其他服务，比如取款机。很明显，贝宝一直在关注客户对服务的反应，然后做出相应的调整。这就是放大客户声音的做法。

遗憾的是，我们并没有看见真正维系客户关系的努力。我们经常看到的是人们闭门造车、缺乏沟通，用各种漂亮的图表展示大数据分析或者社会敏感度分析结果，但是获得的信息对企业的决策毫无影响力。不论你使用什么技术，关键是客户的声音在企业内部放大的效果如何。这些技术覆盖范围广泛，涵盖了从低技术、高触感到高度自动化的各个领域，且都与 B2B、B2C 业务相关。例如 B2B 信息供应商律商联讯，是将对客户的理解转化成具体行动的先锋，在 2010 年对提升客户体验方面进行了大量投资。除了前面介绍过的由人类学家、社会学家等组成的调研团队之外，律商联讯还努力让客户自己发声。公司认真记录客户的满意度，是 NPS 评价工具的资深用户。公司每年在很多国家和地区向数千位客户发放关于所有产品和客户行业的调查问卷。调查问卷被精心安排为每周发放，而且从来没有同一位客户在一年内收到超过两次问卷。公司按照 12 个月平均值滚动计算其 NPS 值。针对关键问题"你会不会向同事推荐律商联讯？"按 0~10 分打分。打分 0~6 的客户属于批评者，是不开心的客户，公司用小红旗标注，他们在 24 或者 48 小时内将收到公司人员的问询；打分 7~8 的客户属于被动回答者，是满意度一般的客户，且对其他竞争对手的产品来者不拒；打分 9~10 的客户属于推广者，是热情的客户，公司用绿色旗子标注，并邀请他们为公司产品做推荐。

NPS 记录每周都被高层查阅，而且跟个人业绩挂钩。同时，律商联讯在关键的客户触点使用一项获奖的自动追踪技术，会提示某个问题需要尽快处理，以免影响客户与公司的整体关系。

**3. 建立循证的决策文化**。过去，很多经理依靠直觉和管理经验来做关于客户的重大决策。但是，在方便利用大数据、实时可视化工具、社交情绪分析工具和许多其他真凭实据来源的时代，企业需要形成循证文化。例如，贝宝从交易中采集数据，将数据汇集到服务指标里面。然后，在各项指标的指导下，公司针对有个性化需要的客户提供精准服务。

另外一个例子是 CIBC，它是一家加拿大银行，在全球开展业务。CIBC 是处于全渠道模式的企业，在一个整合的价值链上通过多个渠道销售产品。因为 CIBC 直接面对客户，所以银行就是客户关系的管理员。银行可以汇集客户数据、做客户分析、创新产品和服务，从而更好地服务银行的客户。大多数组织把预算分配给不同的业务部门，而每个业务部门只关心自己的客户、位置、产品和监管环境。各部门所做的关键预算决定，仅仅是基于各部门内部的信息孤岛和各自的业务优先性。要成功完成组织转型，各部门的决策就要统一到符合企业的整体战略层面。

对于 CIBC 而言，朝着企业全面协同的决策机制发展，就意味着要开始全面转型，涵盖全体员工、供应商、客户需求、银行流程、数据和数字化，这些举措确立了银行在数字生态中的竞争地位。CIBC 创建了一个循证文化，用简单、统一的方式给所有的关键决策者提供重要数据。该银行利用企业架构技术即关键业务流程的组织逻辑和反映企业经营模式的整合与标准化要求的 IT 能力，将银行转变为各种共享平台，这些平台涵盖数据、客户信息、产品信息、客户关系管理、业务流程编排、API、企业整合、用户体验、云服务以及客户的数字身份。以这种方式，银行所有不同的业务线运营都建立在同一个平台基础上。这个架构降低了系统的复杂性、成本，并减少了所需的竞争性技术，因此促进了数字化发展，提升了敏捷性，缩短了产品进入市场的时间。

**4. 提供整合的多产品、多渠道的客户体验。**要让真实的客户需要和客户目标成为商业模式的中心，企业必须停止推销产品，根据客户的生活方式满足他们的需要。这个转变要求企业在不同的渠道同时开发整合的产品。

整合对于大多数企业来说是艰难的变革。看看你那里的超市就明白有什么挑战了。大多数超市增加了线上渠道，但是线上渠道往往跟线下门店的整合度很差。亚马逊现在拥有亚马逊生鲜（Amazon Fresh）这一线上渠道和收购的全食超市（Whole Foods）这一线下渠道，实体零售商要想跟亚马逊这样的线上零售商竞争的话，就要利用好实体商店并进行线上线下无缝整合，让实体商店成为资产而非负债。整合不仅仅是增加线上渠道作为补充，而且要重新设计客户的体验流程。

亚马逊的线下无人便利店 Amazon Go 利用计算机视觉、机器学习、人工智能等先进技术，可以让购物者在选购完商品离开便利店时，商品金额直接从他们的手机中的亚马逊账户中扣除。

贝宝提供了另一个整合的案例。在 DBM 框架中，贝宝是模组厂商的运作模式，在支付方面与客户选择的商家无缝整合在一起。贝宝同时为客户提供了更广泛的服务，逐渐成为生态驱动模式。比如，客户开一家小店，这些小的公司客户可以用贝宝进行收付款、信用卡收款、销售商品计数、开发票、流动资金贷款等等。建立多产品、多渠道的客户体验对于贝宝来说易如反掌，因为贝宝带有数字基因，而非一个全渠道商。

## 向右侧发展：从价值链到生态系统的商业模式设计

在 DBM 框架中向右侧发展对于大多数企业来说是一个更大的挑战，因为要服务广泛客户群体的更大生态系统中的一部分。在 DBM 框架向右侧发展，意味着企业要么成为生态驱动模式、客户需要的第一选择；要么成为模组厂商模式，与其他生态驱动者合作；或者既属于模组厂商模式又属于生态驱动模式。在任何情形下，连接都是一个重要的环节，下面的四项关键能力是实现向右侧发展的重要因素。

**5. 实现差异化，成为你的核心客户有需要时的首选。**当你考虑线上支付时，首先想到哪家企业？多数人，特别是在美国，答案就是贝宝。这家企业在数字市场上地位突出，而且有办法让客户在有支付需要时毫不犹豫地选择它。该企业在开始的时候是模组厂商模式，为生态企业和全渠道模式企业提供支付服务，同时面对商家和消费者这两类不同的客户。

谈到网络零售，亚马逊是很多客户的第一选择。安泰希望成为满足客户医疗健康需要的首选。富达的目标是成为财富管理的第一选择。律商联讯的目标是成为法律业务的第一选择。GE 的目标是成为工业互联网的第一选择。在给大企业做数字化转型的研讨会上，我们发现企业如何实现差异化往往是高管们最难回答的问题。差异化问题关乎你的企业在数字经济中如何做到与众不同。下面是一些大企业描述它们如何成为所在领域客户的首选。

**安泰**：建设一个更加健康的世界

**GE**：建设工业互联网

**乐高**：激发和培育明天的建筑师

**日本 7-11**：满足您的日常生活需要

**微信**：提供每日生活所需的一切

**宝马**：提供个性化交通

**优步**：你的城市数字交通工具

**亚马逊**：成为你的首选……几乎无所不在

这个讨论把我们带回本章开头的问题，在某种意义上，是本书最核心也是在数字时代成功的关键问题：你的企业的差异化体现在哪里？如何让你的企业成为差异化领域中客户的第一选择？

在研讨会上，我们把高管分成几个小组，并要他们回答上述两个问题。每个人都对别人的不同答案感到惊讶，这恰恰说明，在大企业里要创建一个激励人心的愿景、提供整合的客户体验，是多么不容易。能够在差异化问题上达成一致是大多数企业数字化转型的最佳起点。

**6. 发现并拓展良好的合作伙伴关系和收购机会。**生态驱动模式必须找到跟提供互补产品和服务的供应商合作的途径，并且将它们提供的支付、通知、运输等服务整合为无缝对接的客户体验。建立合作的动机是更好地满足客户的需要。

为了满足客户需要，生态驱动者可以跟互补者或者竞争者开展合作。例如，USAA 跟汽车经销商合作，在 USAA 的客户购买汽车时提供优惠价格，作为 USAA 服务的补充。有时候，满足客户需要就要跟竞争者合作，比如，富达的客户可以在富达网站上买先锋集团的基金。富达提供更多基金选择，包括竞争对手先锋集团的基金和其他基金产品，以维系跟客户的重要关系。

模组厂商模式的成败取决于它们跟生态方合作的能力。例如，贝宝以及许多其他支付服务商提供的支付服务必须操作方便，满足在不同环境下的合规要求，必须在其他企业系统中无障碍地即插即用。贝宝在合作关系中表现十分突出，已经在超过 100 个国家或地区使用。有时候，在生态驱动模式下企业想要结成永久性的合作关系，收购是迅速实现宏大战略的好方法，数字时代也提供了大量选择和收购的机会。例如，安泰收购

iTriage App，节省了好几年的开发时间，然后努力将安泰的数字化产品和服务上线到该 App 中，针对客户的精准需求提供世界级的服务。

**7. 服务赋能让你的企业变得强大（通过开放的 API）。**数字化更多意味着连接企业的不同产品和信息孤岛以提升客户体验，也意味着让企业成为数字生态系统的一部分，以保证持续地为客户提供最佳服务。你需要把你的企业的核心业务能力发扬光大，比如制造产品、处理保险理赔或者申请贷款、写方案、提供咨询、预订飞机座位的能力，并把它们变成数字服务。然后，让这些数字服务在你的企业内部能够容易且安全地获得，并且让你的合作伙伴和客户也能从中受益。

如何提供这些数字服务呢？第一步，你需要审视业务规则并将其标准化。第二步，根据规则将业务能力数字化，创立可以获得这些数字化业务能力的交互界面。很多企业同时为内部和外部提供与核心能力对接的交互界面以促进更快的创新。

例如，我们之前的故事里提到的那个电信公司存在的一个问题是，获客方式超过 20 个步骤，向现有客户销售新产品有超过 35 个步骤，这么复杂的业务流程、系统和数据阻碍了"四件套"服务的兑现。客户只有通过公司的电话客服和到店服务才能穿越流程迷雾。与之相反，贝宝只开发了很少的步骤就完成了客户引导流程，并且还创立了一个平台和 API 小程序，可以被公司内部用来提供新产品，也能被外部用贝宝支付的商家使用。

最常见的服务赋能方法是开发API。我们观察到，业绩最好和最差的公司在开发API方面存在巨大差别。在业绩最好的前25%的公司，51%的关键能力可以从内部获得，44%的关键能力可以从外部获得；而业绩最差的公司，只有27%的关键能力可以从内部获得，23%的关键能力从外部获得。

你可以考虑一下，检查你自己的公司的API开发是什么情况？谁负责实现连接？

8. **发展效率、安全、合规等竞争优势**。这是成功企业在数字时代需提升的第八项关键能力，也是最后一项。最成功企业的高层将运营进行数字化的时候，也要认识到潜在的效率、责任和威胁。让我们从责任和威胁谈起。能更有效地处理数据安全、网络威胁、潜在服务中断，以及满足世界各国政府、机构不断提高的合规要求的企业，会将合规作为企业的竞争力而非一项令人生厌的工作。例如，任何处于生态驱动模式和模组厂商模式的企业都可以为它们的客户提供各类合规服务。越来越多的公司，比如贝宝、纽约梅隆银行和富达都为客户提供有助于他们理解并遵守美国政府相关法规之类的服务。

对于合规事务，我们看到两种截然不同的企业态度。第一种态度，我们称之为"不幸落到我头上"。大体是这样的：我们的行业，特别是我们的企业受到各种机构越来越多的合规要求的打击。这些要求有些是不合理的，所有的要求都令人讨厌。符合这些要求要花费越来越多的时间和金钱，而且完全不产生任何价值。

第二种态度，我们在领先企业看到越来越多这样的情形：合规是生活的常态，不断增加的合规要求是我们商务权力的一部分。叮能是我们自己和竞争对手的所为引致了其中的一些合规要求。所以，我们要比竞争对手做得更好。我们还要用合规来帮助企业管理业务活动。简言之，我们将把合规变成市场竞争力。

第二种态度活动反映了我们在成功实现数字经济时代重构的企业中看到的两手思维。它们一手要创新，激励客户，创造新价值；另一手要提高效率，降低成本，比如每年降低 5%。拥有两手思维的企业在数字经济时代有巨大的优势。挑战在于文化、组织架构，两手思维对当今大多数企业来说是非常困难的，难以做到。创新和效率素来有着不同的基因，企业通常是基于经济状况，轮番聚焦来推动二者的发展。在数字经济时代，两手要齐抓并进，企业要学会在创新和降低成本两个方面脱颖而出。

# 你的企业在八项关键能力方面表现如何?

当你读到前面的内容时，可能在考虑你的企业在这八项关键能力方面表现如何。本章的自我评估用于评估你的企业。满分为 96 分，数字经济的领军企业一般得到 70 分以上（仅占8%）。你的企业的分数是多少？得分最高的两项和最低的两项分别是什么？最高分告诉你可以利用什么能力提高其他方面的分数。比如，建立循证的决策文化得了最高分，这告诉你可以将安全及合规作为一种持续提升的能力。最低分则告诉你现在应该关注哪个焦点，最低分一般是链条上的薄弱环节——不幸的是，链条往往会在此断裂。

第五章

## 自我评估

**你的企业在以下方面的效果如何?**（1= 没有效果，6= 非常有效）

收集和使用客户生活事务方面的重要信息 ☐

在企业内部放大客户的声音 ☐

建立循证的决策文化 ☐

提供整合的多产品、多渠道的客户体验 ☐

实现差异化，成为你的核心客户有需要时的首选 ☐

发现并拓展良好的合作伙伴关系和收购机会 ☐

服务赋能让你的企业变得强大（通过开放的 API） ☐

发展效率、安全、合规等竞争优势 □

**将你的各项分数相加，然后将总和乘以 2。（满分为 96 分）** □

资料来源：© 2017 MIT Sloan Center for Information Systems Research. Used with permission.

在最近一次跟金融服务机构开展的研讨会上，22 个高管对自己的企业进行了评估。高分能力是效率、安全和合规，低分能力是核心业务的服务赋能、收集客户生活事务方面的信息、在企业内部放大客户的声音。惊奇之际，大家发现高管们对每一个问题的回答大相径庭。于是，大家讨论为什么得分会有这么大差别，并对讨论的问题达成了共识，包括为什么数字化程度在企业的不同部门如此参差不齐。然后，他们被分成小组。每个小组选择八项关键能力之一展开讨论。最后，大家提出了一些获得突破的创新方法。

到此为止，你应该清楚了企业目前在 DBM 框架中处于什么位置，以及企业想发展到什么位置。你应该知道你的企业在向上方、向右侧发展必须具备的八项关键能力方面表现如何。

## BBVA 如何设立企业重构的愿景和变革文化？

最后，我们想谈谈在研讨会中谈到重构时两个经常被问的问题：如何设立变革的愿景？如何进行转型所需的组织革命？BBVA 是这两方面的好例子。

BBVA 的董事会执行主席冈萨雷斯在 2015 年宣布："我们在建设 21 世纪最优秀的数字银行。"BBVA 狠下功夫，摒弃了多年为各种业务系统开发的杂乱无章的 IT 系统，用高效、可延展的全球平台取而代之。平台以相对较低的成本将优化的业务流程、高效的技术和易得的数据相结合，这些做法同时符合企业监管的规定。

银行愿景和文化变革被总结成六个战略方针，以实现董事会执行主席的宣言。（六个战略方针是：打造客户体验新标准；推广数字销售；开发新商业模式；优化资本配置；获得最高效率；培育、激励、保持一流的人才队伍。）

但是，如果不改变组织架构和企业文化，就很难实现这些战略目标。为此，在 2015 年 5 月，BBVA 宣布了几项重大的组织变革计划，离数字银行的愿景又近一步。BBVA 任命数字银行前负责人卡洛斯担任集团的 CEO，显示了对数字化转型的决心。

下面是 BBVA 转型过程中一些关键的组织特性和采取的变革：

- **高层的战略焦点**：战略控制权保留在董事会执行主席冈萨雷斯手里。他负责的工作包括法务与合规、战略、兼并与收购、全球经济和公共关系、对外交流、会计和监督、内部审计等。冈萨雷斯认为，这些都是执行主席的责任范畴。这些业务由冈萨雷斯管理，可以让 CEO 卡洛斯专注于转型事务和银行的日常管理。

- **新的组织架构**：新架构把执行和绩效部门与新的核心能力部门分离开来。专注客户服务和销售的部门，诸如全国分支机构、企业客户部和投行部，被安排在执行和绩效部门之下。在新的核心能力部门之下，银行整合了运营、IT 和产品部门，为集团和全国分支机构提供银行服务。

- **让最优秀的人才跟新人一起工作**：作为转型行动的一部分，银行仔细审核了高管团队，要求一些高管继续留在银行担任重要职位。同时，也在外部寻找领导者，特别是在新的核心能力领域，有几位来自银行业以外。

- **新的工作机制**：配合新的组织架构，BBVA 采取了一些新的工作方式来完成目标。比如，大规模地采用敏捷方法。专注于各个专题的敏捷团队一起工作，在两周里突击开发新产品，并制订季度计划保障项目管理的系统性、数字化和透明化。

- **彻底革新的人才和文化部门**：彻底革新有两个目标，一是吸引并留住最优秀的急需人才，二是创建更敏捷、进取型的公司文化。银行需要拥抱新的文化价值观（例如

"多失败，快失败"，一种在试验中学习的思维，按照责任进行授权），同时破除官僚体制。

早期的变革结果令人振奋，BBVA 在主要开展数字银行业务的国家中在客户体验方面位列第一或第二。网络销售占销售总额的 25%。2017 年 7 月，Forrester Research 在研究报告中介绍了 BBVA 在西班牙本国的业务，说该行拥有全世界最优秀的移动银行 App。在银行重构的过程中，BBVA 获得了一些重要经验，包括以下几点：

- 数字化转型必须有一个强烈的愿景，高层经常要做艰难的决策。
- 成为目标导向型公司非常重要。
- 快速执行非常重要。
- 获得客户信任非常重要。
- 数字化转型要求团队统一理念、统一行动。例如，过去分离的 IT 部门、业务部门和用户体验部门——不论是本地还是全球——现在都在敏捷团队中共同努力。
- 数字化还意味着新岗位的出现（设计师、软件开发员、数据科学家等等），需要从企业的内部和外部发掘最优秀的人才。
- 企业领导者必须在务实和理想之间把握好平衡。银行要在转型的同时，继续经营、盈利、服务好客户。一路上有很多取舍。

- 最后，领导者必须让全体人员参与，包括分支机构的每一个人。每个员工必须在数字化转型后的新的企业里扮演某个角色，最重要的是，他们需要感觉到自己是团队的一员，并且他们的贡献是有意义的。

本章中，我们讨论了在数字时代重构企业的几种方法。在结束本章之际，需要明白重构企业的几个方面：

- 你的企业今天处在 DBM 框架中的什么位置（参看第二章的自我评估部分）。
- 你的企业想向 DBM 框架中的哪个象限发展（凭你本能的判断，参考第二、三、四章中的例子）。
- 你的企业的八项关键能力情况如何（本章的自我评估）。
- 在这八项关键能力中，你的企业需要在哪几项下功夫（本章自我评估中得分最低的能力）。
- 如何提升你的企业得分最低的几项关键能力。

现在问题来了，你需要从哪里开始着手企业重构？这个要由你自己来决定。在第六章里，我们将聚焦讨论让变革发生所需要的领导力。

# 06

第六章

**你的企业是否拥有数字化转型领导力?**

人们有时会问我们，在麻省理工学院工作，感觉最棒的事情是什么？答案很简单，是我们和一小组高层经理交流，他们让大象般的企业灵活而优雅地跳舞；是我们欣喜地看到安泰在改变医疗健康服务，BBVA在改变金融服务，施耐德电气在重新思考能源管理，唐恩都乐甜甜圈和日本7-11在重构连锁食品店的客户关系；是我们不断回想起本书中很多其他企业的故事。

毫无疑问，是这些企业里高瞻远瞩、坚定不移的领导者带领了数字化转型，改善了企业业绩、内外连接、客户关系和员工体验。但是，只有当企业的大多数员工、客户、合作方都希望让事情一天比一天变得更好时，数字化转型才可能发生。大多数人日复一日到公司上班，希望自己能做出成绩，帮助自己的企业更加强大。

然而，组织里存在的减速栏却阻碍着变革。想一想，那些没完没了的监管程序、复杂的相互牵制的委员会、陈旧的工作制度、差劲的业务工具、愚蠢的管控文化、不愿改变个人形象的领导者，以及其他抗拒变化的各类文化。一部分减速栏在过去是有意义的，但是现在需要重新审视。还有的减速栏根本不应该存在，必须坚决拆除。

在我们开始本章之际，你需要复习一下：你的企业在 DBM 框架中处于什么位置？希望向哪个位置发展？一些企业将从供应商模式变成全渠道模式，最后成为生态驱动模式；另一些企业将从初级全渠道模式变成卓越全渠道模式；还有的企业从设备供应商模式变成模组厂商模式，但仅仅是一部分业务；如此这般。要想采用 DBM 框架中的任何商业模式取得成功，你的企业都必须转型。你必须改变做事情的方式，这可能需要彻底改变，并且认识到，转型不会一蹴而就，需要不断迭代和纠错。

本章的全部内容都在讨论如何实现成功转型。我们看看顶层高管在构建新一代企业时必须做的重要决定：发现并支持企业里能够带领转型的人才。找到并支持带头人毫无疑问是商业模式转型过程中最困难的一部分。但是，给人才提出具有挑战性的目标，提供正确的资源和支持，看着他们不断发展，最终实现目标，无疑是令领导者感到最心满意足的事情。

实施转型要求发现企业中各个部门的带头人——从上到下，从下到上。不论你的企业作为新一代企业会采用四种模式中的哪一种模式——供应商模式、全渠道模式、模组厂商模式或者生态驱动模式——企业都必须成为行业先锋，这需要企业里每一个人的积极参与。

在本章里，我们将分析重大转型中四个重要的集体角色：董事会、CEO 和高管委员会、CIO、全体员工（包括中层经理和年轻员工）。我们以德勤、荷兰国际集团、微软和星展银行为例，说明转型所面临的领导力挑战。我们还提供一个工具，让你评估企业的人才和文化。最后，我们给出关于如何领导企业向新一代企业转变的建议。

先让我们学习一家企业的成功转型经验案例。

## 转型：一家金融服务企业如何做出艰难的决定

我们见过的最成功的转型案例之一，是一家金融服务机构从中等水平的银行，从本质上说，是一家有全渠道销售能力的供应商，转型为在大多数业务领域里的世界佼佼者。变革的开始，是充满愿景的董事会任命了一位新 CEO，并为他制定了宏大的经营目标。董事会是多元化的集体，包括几位在科技企业有丰富经验的董事和资深银行家、1～2 位咨询师和几位经济学家。董事会认识到，想要业绩上一个新台阶，银行必须实现自我转型。董事会必须支持商业模式转变和人力资源调整，并在未来几年进行大笔投资。在理解银行的现有商业模式的基础上，董事会成员研习了在行业数字化、竞争日益激烈的情况下，银行可能的前景所在。他们咨询了意见领袖和其他没有竞争关系的银行家，并将每一步进展的记录作为定期召开董事会的必要内容。董事会还增加了一个应对数字化威胁的小组委员会，这些威胁包括网络安全、数据合理使用、法律合规和系统断网应急。

新上任的 CEO 意识到，要实现宏大的业绩目标，银行需要大幅提升全渠道销售能力（在 DBM 框架中往上方移动），还要尝试在生态驱动模式、模组厂商模式上寻找机会。与此同时，银行还要降低客户服务成本。当时，在转型初期（最终转型持续了八年），银行的客户体验处于市场中等水平，因此，CEO 决定建设一系列新的可共享的、高效率、模块化的银行服务能力，以提升客户体验，具体包括：共用的客户数据库、银行核心业务平台和多渠道客户体验平台。CEO 审核了高管委员会，任命了几位新的高管，将一些现任的高管调整了岗位，其余人员统统解聘。

CEO 做出的最大改革之一，是转变高管委员会的文化。CEO 从上一届手里接管了一批强势的高管，这些高管在各自的业务领域成绩斐然。但是，在全渠道模式中，原有的高管委员会形式失效了：各自独立的业务公司或者功能部门无法提供整合的、多产品、多渠道的客户体验。相反，高管委员会需要通力协作，因为很多工作要同时跨部门、跨功能进行。在意识到差别之后，CEO 不仅更换了委员会成员，而且调整了他们的工作方式。突出个人的"明星文化"被禁止了，取而代之的是一个共同承担银行转型责任的团队。

相应地，CEO 让高管委员会同时承担两方面的目标责任：（1）从外部衡量，成为客户体验的第一名；（2）跟同行相比，成本效率最高。于是，高管委员会成员不再像以前那样只考虑让自己的部门成为业务明星，而是共同努力帮助银行和集体获得成功。委员会的会议内容也发生改变。以前，每个高管只顾推动自己负责的部门转变，不关心银行其他部门发生的事情。在新的高管委员会，CIO 成为主要领导者，全体成员对银行的所有重要决定都很关注。"有福同享，有难同当"的意识使得他们更乐意互相帮助，为银行的整体利益形成合力。

CIO 的责任范围扩大了，除了包括 IT 和运营，还包括数字化。CIO 也负责银行的核心转型项目，需要整合大量的业务流程和产品。此外，CIO 要花大量时间帮助高管委员会和同事做一些艰难的决定，比如，哪些产品要砍掉、哪些流程要标准化。

在新的团队文化下，高管委员会可以讨论以前沟通起来有一定困难的业务。例如，委员会现在可以讨论如何对关键的业务流程进行标准化，如何合理化产品配置，如何清楚识别谁负责哪些客户。高管委员会成员的财务激励很大一部分取决于委员会实现了共同目标，这是另外一个重大变化。

高管委员会的改变很快就渗透到整个组织中。个人之间的斗争和部门之间争抢资源的现象大大减少了，当然还没有完全消除。一个显著的变化是，银行有了规模化运营的强大动力，从而能降低成本，提高客户响应速度，提升银行对市场变化的快速反应能力。银行举办了很多研讨会和培训项目，用新工具设计新业务流程，研究新的经营方法。当核心银行业务平台上线后，高管委员会培育了一种创新文化，从共享的、巨额的核心银行投资中获取最大回报。银行鼓励每个人创新——在平台上创造新产品和服务。银行内部已经形成共识：银行建立了一套共享资产，每个人都可拥有、维护和利用。（共建共享）

总结一下，该银行的 CEO 及其同人带来的三个巨变，可以供其他志在成功转型的企业借鉴。

1. **自上而下推进转型**。在董事会的积极支持下，要从上至下推进转型，表明希望的变革节奏，明确成功的指标。然后，要选择关键人物引领变革，创建一个有共同目标和业绩考核标准的团队。

2. **沟通**。在企业的内部和外部广泛进行关于转型的沟通，建立共识（以培训、授权和激励的方式进行），使组织中的团队以各自不同的行动方式实现企业的转型目标。结果往往是形成从下至上帮助企业完成转型的合力。在前面我们谈到的银行案例中，转型的结果包括，一股从下至上的整合力量将信用评分步骤从 20 多个减少到 2 个。

3. **驱动和加强文化改变**。几乎可以肯定，伴随企业走到转型时刻的文化，肯定不是帮助企业完成转型的文化。但是，文化的改变很难，而且并不是所有现存的企业文化都不好。我们建议，选择企业需要的文化元素，然后大力推广，反复强化。关键岗位的新人可以助力文化变革。但是，一旦大多数人相信了转型，会对企业的发展前景感到兴奋，而且都会主动做出改变。社交媒体——后面我们会再提到——被证明是一个有力的工具，可以抹平不同群体的观点差异，分享成功，强化原本让人们怀疑的企业文化。

现在，我们已经阐述了转型是一个怎样的过程，下面我们讨论，要完成这场变革，企业中的每个人需要扮演什么关键角色。

## 转型中的关键角色

由谁来执行落实新一代企业的成功转型？这里，我们考虑四组主要群体：CEO 和高管委员会、董事会、全体员工、CIO。

### CEO 和高管委员会

随着 CEO 的角色越来越有挑战性，成功的 CEO 要善于发现自己应该聚焦在哪些事务上，哪些工作可以分配给别人完成。事实上，我们研究的所有成功转型案例中，CEO 本人既扮演了重要角色，也分配了很多任务给他精挑细选的人去完成。

CEO 的主要任务是致力于转型并督促进展，驱动和强化相匹配的文化变革，在企业内外部不停地推广、沟通转型的愿景。CEO 最重要的也可能是最难的任务是必须选对团队成员，鼓励他们，给他们正确的激励，保证他们不偏离目标。最后，必要时只有 CEO 能够进行"手术式"组织变革，重构组织的结构、预算、决策权、文化规范、绩效激励，以及承担推动成功转型的其他责任，比如，促使董事会参与。

任何转型都需要进行重大的组织变革。我们了解到，企业的高管委员会不可能进行自我革新——因为自我革新涉及太多交织的利益链和成员的得失。相反，CEO 在咨询了董事会和其他顾问之后，将会决定组织变革是不可避免的，必须让高管委员会优胜劣汰。既然 CEO 经常扮演"外科手术医生"的角色，董事会的角色和支持就至关重要，我们将在后文讨论这个内容。（关于施耐德电气高管委员会重要变革的简要叙述，参阅"施耐德电气自上而下的变革"。）

## 施耐德电气自上而下的变革

施耐德电气（以下简称"施耐德"）董事会主席、CEO 让－帕斯卡尔·特里夸尔和他的高管委员会是企业数字化转型的设计师和领导者。当然，他们不可能只靠自己完成转型，一路上得到了很多他们信任的人的支持。施耐德采取了董事会和全体员工参与转型等众多方式，其中包括组织了几次关于数字化如何彻底改变企业业务的战略研讨会。

在一家大型的、复杂的全球化企业里创建数字文化，恐怕是转型中最具挑战性的事情。我们看到的大多数情况是，大企业里有多样化的数字文化，可能创造了局部利益，却不能实现数字化的承诺——连接业务孤岛，创造一种新的令人振奋的客户价值主张。施耐德的领导层认识到了这个挑战，于是自上而下开始变革文化。一直以来，高层管理团队有三个管理评价指标：业务、人员和战略。公司加上了第四个评价指标：数字化角色。每一年，高管委员会都要开会制定财务投资的优先决策，他们决定在核心业务的数字服务上加大投资力度。

为了建立数字文化，施耐德设立了两个新部门：数字客户体验中心和数字服务中心。数字客户体验中心负责设计客户数字服务流程。数字服务中心负责监督数字业务转型，包括帮助业务转型、管理数字化运营。

另外一个关键方法，是开发指导手册，支持数字化转型广泛开展。手册从资深员工那里汲取最好的实战经验，阐述本地团队和全球团队的业务管理范围，手册还介绍了12个不同的产品进入市场的模式（例如，软件业务比零售业务更中心化，因为零售有本地化要求）。手册说明了每个业务的主要任务。为了在全公司传播数字文化，施耐德创建了一个内部学院，还制作了大量线上公开课。在这个开放学院里，施耐德的每个人都可以获得数字化手册、培养业务技能。为了给每个人提供发声的机会，2015 年，施耐德开发了维基平台，允许大家贡献关于业务和手册的点子，鼓励从其他人的经验中学习，这有效地消除了组织中的官僚层级的影响。

施耐德的高管团队知道，要真正转型，企业文化必须完全支持数字化。而且，转型是有始无终的过程，因为公司、行业和经济之间的联系正变得越来越紧密。

## 董事会

在数字颠覆和转型中，企业的董事会成员成为一个越来越重要的群体。正如我们刚才所讲，虽然 CEO 必须引领组织转型，但是他们需要得到见多识广、持续关注的董事会给予不断的支持和偶尔的提醒。除了正常的委托责任和监督责任以外，董事会在数字颠覆和转型过程中扮演非常关键的角色。企业面临的最大决策是，在数字时代如何重构组织使之更有效——如何进行组织"手术"。

幸运的是，董事会成员知道支持 CEO 是他们主要的工作内容之一。在我们组织的一次研讨活动中，董事会成员认为，除了法务、道德和对股东负责之外，"挑战自我地位"是董事会第二重要的活动（在"评估 CEO"之后）。而且，很多董事会成员估计大约 32% 的企业收入在未来五年将受到威胁，于是他们将数字颠覆视作对企业的最大威胁之一，如果企业对此不作为的话，将失去部分市场。

尽管担忧未来，也有支持转型的意愿，但是，大多数企业应对数字颠覆的行动都聚焦在网络安全、数据隐私、合规和 IT 预算方面。只有 39% 的董事会开展了关于数字化本身对商业模式影响的讨论。

为什么会缺乏对商业模式的关注呢？我们的研究表明，可能是董事会缺少数字化专家。虽然董事会热心于推广和指导企业的数字化转型，但是他们自己在这方面的得分表明，董事会需要加强学习，补充数字化方面的知识。

例如，董事会给自己的数字化知识打分是 62 分（满分 100 分，下同）（就是说，他们给自己的打分是 D 以下），给其他董事在有效解决数字颠覆的打分只有 64 分。因为缺乏数字化能力，45% 的董事会聘请了外部顾问对主要的数字化项目进行评估，因为觉得自己无法胜任。这实际上提升了高管提供给董事会成员的信息的质量标准。此外，高管们提供的信息的质量参差不齐。当被问到"高管人员帮助董事会成员应对数字颠覆问题的有效性"时，CIO 被认为最有效（82 分），然后是 CEO（78 分）、市场总监（70 分），人力资源总监被认为最没有帮助（62 分）。

情况很严峻，因为最终董事会成员需要被新的转型愿景说服。董事会成员必须理解转型不仅对企业的长期发展有益，而且切实可行。然后，董事会提供转型需要的资金，而且必须支持 CEO 做出艰难但必要的组织变革决策。

显然，要想帮助企业和 CEO 在数字经济浪潮中前行，董事会成员要学习新技能，他们长期积累的业务经验仍然有价值，但只能在一定程度上帮助他们承担责任。而理解哪种商业模式有助于企业实现数字化——帮助做出关于如何转型、何时转型的艰难决策——将至关重要。

最后，我们提出董事会应该负责数字化三个方面的工作：防御、监督和战略（见图 6-1）。

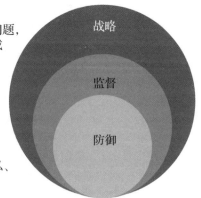

**制定数字化战略**
企业所面临的商业模式问题，包括来自数字颠覆的挑战和机遇

**监督数字化执行**
负责审批主要的新技术/数字化转型项目和资金分配

**防御数字化风险**
包括网络风险、数据隐私、服务中断、合规事务

战略

监督

防御

图中圆圈的大小代表了不同角色的权力范围。董事会通常专注于较为狭窄的防御活动，但需要扩大其权力范围，以监督企业战略的执行并做出其他贡献。

**图 6-1　数字化转型中董事会所扮演的关键角色**

1. **防御**。聚焦防御事务有助于防止企业出现严重的问题，包括网络风险、数据隐私、服务中断以及合规事务。大多数董事会通过审计或者风险委员会来处理这些事务。董事会在防御领域变得越来越有经验，而且建立了复杂的报告和监管体系。董事会在防御方面的得分是 71 分（满分 100 分），在三个角色中得分最高。我们建议成立一个风险专委会处理防御事务，每次开会给全体董事会成员提供一份简要的报告，后果严重的事情应该尽快通知全体董事会成员。

2. **监督**。第二个角色是对企业主要的数字赋能的转型项目进行监督，这些项目包括至关重要的大型系统，例如企业资源计划系统、核心银行业务系统。这些系统与转型相关，需要大量的管理变革、检查和监督。对于许多组织，特别是银行、零售商、医院、传媒公司和其他严重依赖数字技术的企业，监督还包括审查全公司的数字化投资，对比目标和达成的影响。随着数字化影响日益增大，企业正加大对跨部门数字化投资的监督。董事会在监督活动的有效性方面得分是 61 分（满分 100 分）。

在调查分析中，我们看到董事会监督是否得当与企业经济效益之间并没有太多联系。因此，我们建议对于转型项目的监督尽量自动化，集成到一个显示屏，让董事会成员随时可以看到。显示屏上突出需要讨论的重要问题。我们建议开董事会时不再听管理层冗长的项目进展报告，代之以专委会监督显示屏上的重要事项。

3. **战略**。董事会成员的第三项工作，是他们对战略和数字颠覆的贡献和对此展开的讨论。在所有的董事会活动评价中，董事会在数字化战略方面的有效性得分最低——53 分（满分100 分）。

哪怕董事会在讨论数字化战略的贡献上有时并不特别有效，数字颠覆的压力仍然迫使他们不得不参与讨论。例如，据很多银行反映，董事会讨论数字化战略，焦点不再是过去讨论的其他银行，而是市场的新进入者，比如贝宝、苹果支付、Square、亚马逊、谷歌和零售商等蚕食银行业务的潜在对手。新进入者的威胁迫使一些银行只能将业务降级到高度监管、低利润、交易性的支付领域。随着颠覆性技术越来越重要，加之物联网的巨大潜力，大多数企业的战略都需要改变。例如，艾默生（Emerson）——市值 145 亿美元的多元化设备制造商——的战略总裁说："在 21 世纪，我们将利用信息交易使企业实现差异化，为客户提供价值，给股东提供回报。"艾默生的董事会在数字化战略沟通方面扮演了积极的角色。

制定战略最有效的方法是反馈机制，外部发言人和内部领导者先简要阐述各自的思想，接着进行广泛的讨论和实践。另一个特别有效的方法是学习内部和外部的成败案例，走访跟企业相似或者不同的成功数字化转型企业。

　　要提高董事会的数字化认知，另外两个方法也有效。第一个方法是同伴评定，即请董事会评价同僚的数字化贡献度，这个方法非常有帮助，而且可以采取多种方式执行。例如，首席董事或者董事长可以跟每一位董事面谈，收集同僚的评价意见，或者通过调查问卷和顾问收集信息。总体评价或者其他反馈都要跟董事会的每一位成员分享，提高透明度，这种做法的价值有望随着时间的推移而提高。

　　第二个方法，有些董事会成功采取了反向导师项目，让董事会成员跟年轻员工结成小组，定期见面，比如，每三个月见一次面，互相辅导。据董事会成员反映，这个方法体验很好，而且常常学有所获，比如知道年轻一代如何使用移动设备、企业里真实发生的事情，以及董事会成员可能不了解的其他趋势。当然，年轻的导师也很高兴，因为不仅有机会可以对董事会成员产生影响，而且还可以向他们请教。

## 全体员工

　　转型提供了一个难得的机会，发掘你的企业最宝贵的资源——人才，授权他们把你的企业变得更好。亚洲最大的银行之一 DBS 就是一个例子。在从全渠道模式开始变革时，该银行采取了一系列活动赋能员工，为转型提供支持。

DBS 1968 年成立于新加坡（目前是总行所在地），其业务主要分布在亚洲的五个国家，在欧美也有业务机构。该银行发展速度惊人，利润水平远远超过同行业，2016 年被《欧洲货币》杂志评为"世界最佳数字银行"。

DBS 大约在 2010 年就开始探索数字化自我重构，聚焦于一个目标：释放所有员工的潜力，帮助银行在特定的竞争市场上开展创新，而且最近该行又提出要让银行业务变得令人快乐。比如，DBS 招聘了首席创新官负责领导新设立的创新办公室，设立创新委员会协调银行的各种创新工作，将创新的方法和语言进行标准化。

同时，DBS 开始开展人才和文化活动，包括员工创新培训研讨会，寻找、聘用具有创新潜力的人才。成功的创新案例在全行传阅、学习，以鼓励员工提出更多的创意。"有创新性""推动变革"成为升职加薪的标准。

DBS 开始众筹员工的创意。例如，"uGOiGO"（你我同去）的线上定期存款团购活动就是 2013 年在 DBS 香港分行发起的，活动主要针对使用社交媒体的高收入客户群体。更有吸引力的是，当存款金额达到某个设定的目标时，会自动升级为不同档次的存款利率。这项创新产品大获成功。

随后，DBS 开启了更多的数字化创新，包括前面我们谈到的在印度发起数字银行，客户只需 90 秒就可完成无纸化开户，该项目在短短一年内就吸引了 100 万新客户。

结果是更多的创新创意、业绩增长和成本节约，以及更加忠诚、敬业的 DBS 员工和更快乐的客户。为了给所有员工一个简单、统一的目标，DBS 高层选择了一个关键的表现指标——客户在银行办理业务时节约的小时数。经过多方共同努力，包括分析客户业务流程、流程自动化和大数据分析，节约的小时数远远超出了设定的目标。如今，DBS 的改进已经为客户节约了 2.5 亿小时，同时提高了内部服务效率，给员工节约了 100万小时。节约的客户小时数在 DBS 银行内部都有追踪和定期报告，成为全银行的共同目标。

为了实现变革，DBS 要求高层领导者提供更多指导，而不是指挥命令——增加创新，减少控制。例如，银行的领导者定期举办"黑客马拉松"，花一周时间跟年轻的 IT 人员组成团队，通过体验式学习掌握数字化思维和技能。结果，到 2017 年 11月，DBS 的 2.2 万名员工中，大约有 1.48 万人积极参与了 16个不同的创新项目。

DBS 的 CEO 皮尤什·格普塔（Piyush Gupta）认为，转型就是向前发展，成为明天的银行，"跟今天的银行完全不同"。对于 DBS，转型意味着改变银行的文化，格普塔说："重新架构我们的技术基础，利用大数据、生物识别和人工智能，让银行业务对客户变得更简单、更方便。"

当审视你的人力资源（和授权其向数字化发展的方法）的时候，一个重要的考虑因素是企业的年轻员工。就像 DBS 举办领导者和年轻员工的"黑客马拉松"一样，你的企业也可以利用最年轻的同事分享数字化知识。但并不是说其他员工不能是数字行家，毕竟，企业数字化不只是年轻人的游戏。数字化浪潮给每个人都带来了巨大冲击，我们都在进步。但是在大多数组织中，年轻人往往是最没权力、最缺少连接、最不容易被听到的群体。他们缺乏工作经验，却常常热情拥抱变化。有很多方法让你企业中的年轻人展现价值并参与其中，最有效的方法是使用社交媒体。

例如，在一次成功的转型工作中，德勤的澳大利亚分部用社交媒体让每个人都能发声，改变了企业的文化规范。我们麻省理工学院信息系统研究中心（MIT CISR）的同事克里斯汀·德利（Kristine Dery）、伊娜·萨巴斯蒂（Ina Sebastian）和珍妮·罗斯（Jeanne Ross）对德勤的战略是这样介绍的："当大多数组织禁止用脸书和其他社交媒体的时候，德勤却采取了与之相反的措施，让社交媒体成为战略转型的中心。"德勤在专门服务组织内部社交的网站 Yammer 上开了一个账户，让每个层级的员工都容易发起或者参与企业的讨论。德勤的高级主管每天发起、参与在 Yammer 上的讨论，激发新的创意，倾听在线讨论，以汇集不同的意见来改进方法，提升工作场所的效率。大家在以一种新的方式互相连接，因为他们将注意力和技能聚焦在创意上，而非各自为政的服务方面。

"创意的发掘变得透明多了。出现了新的佼佼者，许多是以前在企业里面'隐身'的人。脸书、领英和推特都是企业里不可或缺的、新的对内对外的工作工具。企业要求所有员工充分参与社交媒体，他们在各项活动中成为企业的品牌大使。"针对德勤的分析强有力地证明了交互、连接与绩效之间存在较强的关联。

## CIO

当技术在企业中扮演的角色发生转变时，CIO 和 IT 部门的角色转变对于成功就非常关键。CIO 不再只负责后台系统，或者只根据业务的需要和创新奇想被动接受指令。事实上，在我们研究的每个成功转型的案例中，CIO 都扮演了核心角色。成功的转型不仅仅是引进数字技术。很多技术很容易被复制，但是并不能形成企业的竞争优势。相反，要想转型成功，就需要企业有能力去整合和创造多元产品、全渠道的客户体验、统一的客户视角，以及产品与数据相捆绑的服务。CIO 的定位是领导整合工作（想一想把孤岛整合成平台的工作）。

高效的和毫无能力的 CIO，对于企业的影响大相径庭。接下来，我们将分析顶级领军企业和排名垫底企业的 CIO 有哪些不同。我们的结论来自对全世界超过 400 位 CIO 的调查。二者的区别有助于解释 CIO 在数字化经济中面临的机会和挑战。

顶级领军企业的 CIO——净利润位于行业平均值的前 25%——跟其他 CIO 在时间分配上存在不同。

- 他们花更多时间在外部客户身上；
- 他们对创新着迷；
- 他们跟高管委员会一起工作。

下面一一说明。

1. **花更多时间在外部客户身上**。2008 年，我们开始请 CIO 估计他们是如何分配时间的。他们现在分配时间的方法跟当年差别很大。在 2008 年，CIO 平均只花 10% 的时间跟外部客户交流，交流主要聚焦于销售、分享最佳实践、一起把企业的产品和服务整合到客户的系统里。到 2015 年，CIO 跟外部客户交流的时间占比提高至 20%，减少了管理 IT 部门的时间，将更多 IT 部门的管理责任分给了其他人。

那些花时间在外部客户身上的 CIO，掌握了关于客户痛点的第一手信息，制定了更好的客户体验综合方案。特别是在 B2B 企业中处于生态驱动模式、全渠道模式的企业更是如此。

三菱日联金融集团（MUFG）负责美国市场的首席信息与运营官克里斯·百瑞塔（Chris Perretta）回忆说："CIO 本来就需要站在客户的立场设计解决方案以传递客户所需的价值，而且要简单、低成本。"

2. **对创新着迷**。事实上，我们调查的每个企业都聚焦了创新，理由很充分：本质上，新的业务来自创新。在我们的调查中，在过去三年，顶级领军企业有高达 49% 的业务来自创新，而对比之下，排名垫底企业只有 13% 的业务来自创新。顶级领军企业的 CIO 对创新很着迷——我们调查的顶级领军企业的 CIO 将 53% 的工作时间花在了创新上，而排名垫底企业的 CIO 在创新方面只花 19% 的时间。改变客户体验，从而保持新鲜感和对客户的吸引力，要求持续不断的创新，成功转型企业的 CIO 具备这方面的专业能力。

3. **跟高管委员会一起工作**。顶级领军企业的高管委员会一般将大约一半时间——51% 的时间——聚焦在数字赋能的威胁和机遇上面；排名垫底企业的高管在这方面的时间分配仅为 18%，因为他们可能要花更多时间用于处理内部的运营问题。例如，在我们的调查中，顶级领军企业的 CIO 花大量时间为高管委员会提供建议和咨询，比如，在 61% 的高管会议上发言；相比之下，排名垫底企业的这一数字只有 46%。在转型过程中，CIO 关于数字化的知识需要不断更新。除了作为高管委员会成员要参与战略制定和其他任务之外，CIO 还需要三个技能帮助高管委员会处理数字化事务。第一个技能，CIO 要将信息集成到一个数字化大屏幕上，让委员们一眼就能看出全公司的问题和价值（不仅仅包含 IT 预算范围内的业务）。大屏幕让委员们更有信心，而且赋能他们进行有效的监督和采取必要的行动。

第二个技能，定期汇报网络安全情况，讨论当前和潜在的问题。第三个技能，建立清晰、简洁的 IT 治理结构，以及发展成为包含物联网、自动化、数据和所有其他企业数字资产的数字化治理结构。对清晰、简洁的 IT 治理结构的一个好的判断指标，是高管委员会的每个成员是否能说清楚主要决策的内容和责任人，比如，资本投资和企业架构。

跟客户一起度过的时间、聚焦创新、跟高管委员会一起工作，成为区分顶级领军企业及其 CIO 与底部竞争者的重要方面。这三个方面也是 CIO 和 IT 部门带领企业在数字时代走向成功未来的机会所在。

数字化转型是大多数 CIO 的职业分水岭。如果 CIO 是转型的领袖人物，他们管理企业流程的时间可能会多一倍，他们聚焦在利用自动化特别是可共用的数字化平台和开放的 API 来同时提升客户体验和提高运营效率。假如 CIO 不是转型的领袖人物，他们会花更多时间在管理 IT 服务上，IT 服务拓展为包括所有的数字化服务，比如物联网。

要了解关于你的企业人员是否做好了转型预备，可以做第六章的自我评估。这个评估的平均分是 68 分。你的企业得多少分？假如你有任何一项的分数比其他项低很多的话，那就是你的领导力需要加强的地方。

第六章

# 自我评估

你企业的董事会对数字化的深刻理解程度如何？（1= 不懂，10= 精通）
☐

你企业的董事会能否有效应对数字颠覆和转型？（1= 无效，10= 高效）
☐

商业模式转型对于你企业的 CEO 和高管委员会的重要性如何？（1= 不重要，10= 非常重要）
☐

工作场景转型对于你企业的 CEO 和高管委员会的重要性如何？（1= 不重要，10= 非常重要）
☐

人力资源开发对于你企业的 CEO 和高管委员会的重要性如何？（1= 不重要，10= 非常重要）
☐

你企业的 CEO 对高管委员会的影响力如何？（1= 很低，10= 非常高）
☐

你企业的文化在最大化利用数字化方面是否有效？（重点：设计、测试和学习，循证决策；合作伙伴关系；敏捷思维；最小可行产品；学习）（1= 无效，10= 非常高效）
☐

你的企业是否抗拒变革？（1= 非常抗拒且难以改变，10= 非常支持）
☐

你企业的 CIO 分配多少工作时间跟客户在一起？（1= 没时间，10= 所有时间）
☐

你企业的数字化程度如何，特别是针对在线提供的服务？（1= 没有数字化收入，10= 全盘数字化） □

**总分** □

资料来源：© 2017 MIT Sloan Center for Information Systems Research. Used with permission.

接下来，我们以讨论如何使你的数字化转型成为现实来结束本书。

结　语
# 六大问题纵观

数字颠覆和新兴的数字化时代为领导者创造了一个千载难逢的重大机遇，你可以带领企业完成自我重构。如我们在本书中所见，数字化转型不是"万一"的问题，而是你的企业何时变革、如何变革，以满足企业生存和发展的需要。最优秀的企业应该两手同时抓：变革创新，降低成本。那些成功的企业将积极创新，把工作重点放在更好地理解客户上，同时突破企业边界，依靠业务合作伙伴。它们会提高工作效率，通过简单化、自动化来大刀阔斧地降低企业每年的运营成本。如果不能两手同时抓，你的企业将痛苦地忍受创业者、其他行业的公司以及更敏捷的竞争对手来抢食你的业务，直到所剩无几。

我们来到了本书的最后部分，请你看看引言中的图 0-2，它可以作为你的企业转型之路设计的重要指导。图 0-2 中的每一个步骤（以及相关的章节）都提出了一个关键问题，当你的企业在进行数字化转型时必须回答。书中每一章的框架为你提供了指引，自我评估部分帮助你理解采取行动的紧迫性。自我评估部分可以帮助你发起集体讨论，明确需要采取的行动。你要花点时间，思考图 0-2 每一个步骤中的关键问题以及你将采取的行动。

我们一起回顾一下本书中的六个关键问题吧。

### 1. 你的企业面临哪些数字化威胁和机遇？

数字化威胁作为第一个问题，不仅分析了当下的竞争环境，而且帮助你和同事认识到为什么必须采取行动，以及变革的必要性。通常，高管团队对于企业所面临数字化威胁的情况各持己见，这些意见分歧可以被引向关于其具体内涵的积极讨论中，帮助团队更准确地说明他们如何评估威胁及其影响程度。意见分歧还能让高管团队了解到，特别是在大企业里，人们对于数字化威胁的看法存在天壤之别。所有讨论是一个让企业里每个人同步了解所面临的威胁和机遇的重要过程。

如果高管团队确认大部分业务受到了数字化威胁，企业就必须尽快采取行动，避免被颠覆的命运。这通常意味着要开发新的商业模式，可能导致大规模组织变革，同时也带来了企业重构的机会。在组织的重大变革中，准确清晰的沟通至关重要。CEO 和其他领导者要跟企业全体成员分享他们分析后的结论，以及即将采取的行动步骤——说明即将发生哪些改变，例如，由谁担任决策者，组织结构和企业文化的变革。如此，企业就建立了未来转型必需的统一的思想基础。

### 2. 你的企业未来需要哪一种商业模式？

第二个问题让你判断你的企业正在往哪里去。我们介绍了数字经济中的四种商业模式。我们还发现，很多大企业不限于

采用其中的一种，而是从多种模式中获益。你的企业今天处于
DBM 框架中的什么位置？你希望企业未来发展到什么位置？
思考一下，哪种或者哪几种模式能让你的企业充分发挥现有的
能力优势？但是，假如所有的能力都有待加强的话，那么，应
该重新设定企业的愿景，也许退回去重新创立一家新公司或者
业务部门，能够使你在数字经济竞争中取胜。这是董事会参与
改革的良机——组织转型是一个耗资巨大、时间冗长、需要很
多人员参与的过程，董事会成员是重要的盟友。确定你的目标
商业模式有一个重要作用，就是让高管团队和员工的思想一致，
了解未来的可能性以及企业在数字化转型中前进的方向。

3. 你的企业有哪些数字化竞争优势？

明确了企业在 DBM 框架中的发展方向后，下一步就需要
冷静地分析，针对数字经济的三种竞争优势来源——业务内容、
客户体验和数字平台，你的企业情况如何。假如你的企业面临
严重的颠覆威胁，很可能是因为缺乏上述某一种竞争优势。因
此，要决定哪一个领域是你的企业的竞争优势来源，你需要设
计一个路线图来建设、强化竞争优势。同样，这个过程的意义
是在企业内部达成共识，清晰地表明企业发展的目标以及实现
目标所需要的各项能力。

4. 你的企业如何利用移动技术和物联网实现连接？

数字技术日新月异，随着时间推移，新技术不断出现，带

来的影响越来越大。当今，最重要的两项技术是移动技术和物联网。移动技术具有前所未有的能力，能让你的企业随时随地跟客户连接、互动。物联网使你能够为客户提供增值服务，并获得客户如何使用产品的反馈。这两项技术的结合创造了巨大的机会，让客户（自动地）跟你联系，让你（自动地）回应客户，从而带来更好的服务和对客户的深度理解。你的企业如何利用这两项技术，取决于你对前面两个问题的回答：哪一种（或者哪几种）DBM 商业模式最适合你的企业？你有哪种（或者哪些）竞争优势来源？成功的企业会想办法利用移动技术和物联网实现自我转型。但是，你首先必须将移动技术和物联网与企业的业务能力将结合。

### 5. 你的企业是否具备数字化重构的关键能力？

一旦做出了转型的决策，想清楚了将来如何盈利，确定了竞争优势来源，接下来，你就要开始争取转型所需要的投资，为成功实施新商业模式而开展组织变革做准备。我们阐述了重构你的企业所需要的八项关键能力。

同样，诚恳的交流是重要的开端，首先在高管人员之间，然后与全体人员交流关于目前企业在八项关键能力方面的强项和弱项。接着，需要进行能力建设项目，包括大量投资于技能、科技、文化以及建立合作伙伴关系。注意，高管团队必须对商业模式了如指掌，知道围绕企业的竞争优势来源有哪些路径可供选择。不同的选择将决定不同的投资金额，以及不同的企业能力提升。好消息是，不论你选择哪种商业模式和竞争优势来源，在八项关键能力方面的投资都将有助于企业成功；坏消息是，其中一项关键能力要能达到世界级水平——更不用说全部八项关键能力——就很不容易，需要全体人员持续、长期的专注，而且可能要坚持很多年。

### 6. 你的企业是否拥有数字化转型领导力？

领导力很重要。在数字化转型中，公司领导者至少有两个任务：（1）将组织工作的重点放在新商业模式和新竞争优势来源上；（2）变革企业文化，让企业不仅要实现目标，而且要持续适应未来十年或更长时期的竞争环境。我们认为，领导转型是领导者当前以及将来需要不断提升的一项核心事业技能。

领导者可以将重点工作放在设立目标上，然后衡量针对目标的进步情况，或者管理投资特别是支持向新商业模式转变的创新投资。最好的衡量进步的方法是根据你选择的DBM商业模式，拿当前的新业务收入占比、企业利润空间与三年目标进行对比，然后，每个月记录进步情况。但是，要避免我们在一些创新公司里见到的浪费时间的做法——高层鼓励百花齐放，而不是针对已经制定的商业模式、竞争优势来源开展精准创新。

企业文化变革形式多样但离不开几种常见的方法。作为领导者，你可以通过培训和项目学习来提高企业里每个人的数字化技能。你可以让更多人参与创新（如 DBS 的案例，目标是超过一半员工参与创新）。你也可以通过更有效地使用数据建立循证文化。你还可以通过人脉（例如，交互）和系统（例如，API）改进合作伙伴关系。

确保你的企业选择了正确的人领导转型至关重要。例如，选择数字平台作为第一竞争优势来源的公司（DBM 框架中的模组厂商模式）通常请 CIO 领导转型；选择客户体验作为主要竞争优势来源的公司（DBM 框架中的全渠道模式）通常请首席体验官或者市场总监领导转型；选择业务内容作为主要竞争优势来源的公司（DBM 框架中的供应商模式）通常请产品负责人和产品创新团队领导转型；生态驱动模式需要一个能整合上述三种竞争优势的领导者，可能是首席运营官或者 CEO。

为本书所作的研究和本书的写作对于我们而言，是一次丰富而愉快的学习经历。我们学到了对转型企业的领导者很重要的内容，然后，目睹他们把我们的研究成果付诸实践，并及时告诉我们成效如何。

对于我们研究过的企业领导者而言，没有哪一次转型是轻松的。数字化转型是需要艰苦卓绝的努力。实现转型成功，要求领导者们统一对威胁的认知，决定企业将走向何方；跟全体人员沟通企业的愿景；针对决策权、组织重构做出艰难的抉择。领导者还要警惕，确保企业对能力和创新的投资要针对所决定的 DBM 商业模式和目标竞争优势来源。在完成以上工作的同时，领导者还要提升实施变革的领导力和打造实施变革的人才队伍。最后，领导者必须创建相应的企业文化，保障激励、培训、投资和招聘等工作都支持其文化愿景，同时，还要评估衡量转型的结果，授权合适的人才。

这些要求无疑是一个深刻的挑战。但是，不论对于领导者个人还是对于转型企业而言，成功的回报都是巨大的。数字时代给企业带来了千载难逢、激动人心的机遇，而领导者重构组织的机会也不常有。现在，轮到你上场了。今天，你和你的同事会采取什么行动来改变世界？

**图书在版编目（CIP）数据**

数字化商业模式 /（美）彼得·韦尔，（美）斯特凡妮·沃纳著；龚阿玲译. -- 北京：中国人民大学出版社，2025.1. --ISBN 978-7-300-33184-3

Ⅰ. F71

中国国家版本馆 CIP 数据核字第 2024NA9534 号

**数字化商业模式**

［美］彼得·韦尔　斯特凡妮·沃纳　著

龚阿玲　译

Shuzihua Shangye Moshi

| | | | | |
|---|---|---|---|---|
| 出版发行 | 中国人民大学出版社 | | | |
| 社　　址 | 北京中关村大街 31 号 | | 邮政编码 | 100080 |
| 电　　话 | 010 - 62511242（总编室） | | 010 - 62511770（质管部） | |
| | 010 - 82501766（邮购部） | | 010 - 62514148（门市部） | |
| | 010 - 62515195（发行公司） | | 010 - 62515275（盗版举报） | |
| 网　　址 | http://www.crup.com.cn | | | |
| 经　　销 | 新华书店 | | | |
| 印　　刷 | 北京联兴盛业印刷股份有限公司 | | | |
| 开　　本 | 890 mm × 1240 mm　1/32 | | 版　　次 | 2025 年 1 月第 1 版 |
| 印　　张 | 7.375 插页 2 | | 印　　次 | 2025 年 1 月第 1 次印刷 |
| 字　　数 | 129 000 | | 定　　价 | 69.00 元 |